MARCO POLO

FINNLAND

SCHWEDEN

FINNLAND

NOR-
WEGEN

RUSSLAND

Oslo Stockholm

Helsinki

Sankt
Petersburg

ESTLAND

LETTLAND

Moskau

LITAUEN

RUS WEISS-
RUSSLAND

POLEN

MARCO POLO AUTORIN
Joseann Freyer-Lindner
Nach neun Jahren im ländlichen Nordkarelien wohnt die
Diplom-Forstwirtin heute mit ihrer Familie in Helsinki und
genießt das abwechslungsreiche Kulturleben der schönen
Hauptstadt, arbeitet als Stadtführerin, Übersetzerin und
Reisefachfrau. Die finnische Sprache hat ihre Schrecken
verloren und so spürt die Autorin Tipps auf, die sprachun-
kundigen Besuchern nicht so leicht zugänglich sind.

REIN INS ERLEBEN

Mit dem digitalen Service von MARCO POLO sind
Sie noch unbeschwerter unterwegs: Auf den
Erlebnistouren zielsicher von A nach B navigieren
oder aktuelle Infos abrufen – das und mehr ist nur
noch einen Fingertipp entfernt.

GUT ZU WISSEN
Geschichtstabelle → S. 14
Fuchsfeuer am Himmel → S. 23
Spezialitäten → S. 28
Bücher & Filme → S. 43
Feiertage → S. 117
Was kostet wie viel? → S. 123
Wetter → S. 124

KARTEN IM BAND
(132 A1) Seitenzahlen und Koordinaten verweisen auf den Cityatlas
(0) Ort/Adresse liegt außerhalb des Kartenausschnitts
Es sind auch die Objekte mit Koordinaten versehen, die nicht im Reiseatlas stehen
(U A1) Koordinaten für die Karte von Helsinki im hinteren Umschlag

(🗺 A–B 2–3) verweist auf die herausnehmbare Faltkarte
(🗺 a–b 2–3) verweist auf die Zusatzkarte auf der Faltkartenrückseite

UMSCHLAG VORN:
Die wichtigsten Highlights

UMSCHLAG HINTEN:
Stadtplan Helsinki

Die besten MARCO POLO Insider-Tipps

Von allen Insider-Tipps finden Sie hier die 15 besten

INSIDER TIPP **Kapitän ahoi**

Der Zweimaster *Ansio*, in Dorfgemeinschaftsarbeit gezimmert, bringt Sie zur autonomen Fischerinsel Maakalla vor der Westküste Finnlands. Ein nettes Meeresabenteuer → S. 57

INSIDER TIPP **Alles im Blick**

In der *Moro Skybar* des höchsten Hotels in Finnland chillen Sie mit Blick über die Seenlandschaft bei Tampere → S. 97

INSIDER TIPP **Wo der Gast König ist**

Mustion Linna ist u. a. ein Restauranthotel der Spitzenklasse: Im Herrenhaus der Eisenhütte Svärt nächtigten schon Könige und Zaren (Foto re.) → S. 48

INSIDER TIPP **Auf der Sonnenseite**

Durch malerische Fischerdörfer und Hafenstädte geht es an der sonnigen Westküste entlang. Besonders schön ist der Abschnitt im *Archipel der sieben Brücken* zwischen Pietarsaari und Kokkola → S. 57

INSIDER TIPP **Sommerklänge**

Das *Aino-Ackté-Festival* veredelt mit Kammermusik, Tanz, Gesang und Gedichten die Sommerabende in Helsinki → S. 42

INSIDER TIPP **Den Sommer durch tanzen**

Ein lauer Abend im August, die Kapelle intoniert einen Foxtrott, die Paare bewegen sich im Rhythmus der Musik: Wer durchtanzte Sommernächte liebt, sollte dem *Vaakahuoneen Paviljonki* in Turku unbedingt einen Besuch abstatten – oder zwei … → S. 62

INSIDER TIPP **Nordisches Versailles**

Der Granitbau von *Kultaranta* bei Naantali dient seit 1922 dem jeweiligen finnischen Staatspräsidenten als Sommerresidenz. Zwar sind die Privaträume für die Öffentlichkeit tabu. Aber zum Anwesen gehört ein öffentlich zugänglicher Park, in dem im Sommer 3500 Rosen blühen. Ein herrlicher Ort für Blumenfreunde! → S. 63

INSIDER TIPP **Zum Reinbeißen**

Im *Säräpirtti Kippurasarvi* in Lemi wird ein im Birkenholztrog gegartes Lammfleischgericht serviert. Das Ergebnis zergeht auf der Zunge. Probieren Sie's! → **S. 70**

INSIDER TIPP **So schmeckt Finnland**

Wer in Tampere unterwegs ist, sollte *Ravinteli Bertha* besuchen: Hier erleben Sie immer eine positive Überraschung, denn bei der Bestellung sind Ihnen nur die Zutaten bekannt → **S. 76**

INSIDER TIPP **Bilder der Wildnis**

Gelungene Einstimmung auf Fauna und Flora im Nordosten: Einzigartige Aufnahmen sehen Sie im *Zentrum für Naturfotografie* in Kuusamo → **S. 86**

INSIDER TIPP **Volldampf voraus**

Die *Jokioinen-Museumsbahn* fährt wie anno dazumal durch idyllische Kulturlandschaft. Blumenpflücken während der Bummelfahrt ist erlaubt → **S. 62**

INSIDER TIPP **Wo die Lachse springen**

Ein wunderschöner Teil der finnischen Nationallandschaft: Am Felsenberg *Aavasaksa* genießen Sie die Aussicht auf das Torniotal und den Fluss Torniojoki → **S. 93**

INSIDER TIPP **Ein eisiges Vergnügen**

Übernachten im *Schneehotel* in Kemi ist ein erinnerungswürdiges Erlebnis. Auch mit Polarschlafsack und Rentierfell sind hier Wollsocken und ein warmer Schlafanzug Pflicht (Foto li.) → **S. 105**

INSIDER TIPP **Macht frisch und gute Laune**

Eisschwimmen: Dieser exotische Wintersport macht süchtig. In der *Kaupinoja-Sauna* in Tampere können Sie erste Erfahrungen sammeln → **S. 109**

INSIDER TIPP **Auf Augenhöhe**

Im *Ranua Wildlife Park* begegnen Ihnen die Wildtiere des Nordens selbstbewusst in ihrer natürlichen Umgebung → **S. 115**

BEST OF ...

TOLLE ORTE ZUM NULLTARIF
Neues entdecken und den Geldbeutel schonen

● *Meditieren unter der Kupferkuppel*
In der *Felsenkirche* in Helsinki ist außer zu Konzerten der Eintritt frei. Erleben Sie die einzigartige Architektur und mit etwas Glück bei einer Musikprobe die wunderbare Akustik → S. 35

● *Schärenschippern für lau*
Alle gelben Fähren im *Tammisaari-Schärenmeer-Nationalpark* vor Turku sind kostenlos, für Fahrradfahrer und Fußgänger auch einige der weißen Fähren. Genießen Sie Inselatmosphäre und die Westküste → S. 56

● *Essen und dabei sparen*
Im urig-gemütlichen *Café Regatta* in Helsinki ticken die Uhren anders: Hier spart, wer länger zum Kaffee bleibt. Und bei einer Grillrunde verzehren Sie Ihre selbst mitgebrachten Würstchen → S. 38

● *Grenzerfahrung völlig umsonst*
Bevor Sie in die Wildnis im Grenzgebiet bei Kuhmo aufbrechen, proben Sie kostenlos den Ernstfall im *Petola-Naturzentrum* und lernen Sie mit allen Sinnen das Wichtigste über die Raubtiere Finnlands → S. 82

● *Gratis im Garten Eden*
Eine Gratis-Oase der Ruhe und Schönheit ist das *Hatanpään-Arboretum* (Foto) in Tampere. Erfreuen Sie sich am Blütenmeer dieses botanischen Gartens. Besonders schön ist es im Spätsommer, wenn der Rosengarten seine volle Pracht entfaltet → S. 76

● *Freitags frei im Museum*
In vielen Museen in Finnland gilt an manchen Freitagen: Eintritt frei. In den *Ausstellungshäusern von Jyväskylä* kommen Sie sogar jeden Freitag umsonst in den Genuss → S. 76

● *Umsonst schlafen in der Wildnishütte*
Der Zugang zu allen Nationalparks ist frei. Und in zahlreichen Wildnishütten – etwa im *Pallas-Yllästunturi-Nationalpark* – übernachten Sie mit entsprechender Ausrüstung ebenfalls umsonst → S. 92

● ● ● ● Diese Punkte zeichnen in den folgenden Kapiteln die Best-of-Hinweise aus

● Mittsommer feiern

Am Wochenende nach der Sommersonnenwende feiert Finnland das Fest der endlos langen Tage. Machen Sie mit: Schmücken Sie einen traditionellen Johannisbaum in der Schlossanlage von *Kastelholms Slott* oder besuchen Sie die großen *Johannisfeuer* auf Seurasaari in Helsinki. Beides ein Erlebnis → S. 36, 53

● Singen macht glücklich

Karaokebars sind ein beliebter Zeitvertreib im Sängervolk der Finnen. Trinken Sie sich Mut an und machen Sie lauthals mit. Oder mieten Sie die coolste Singbox von Helsinki – das *Karaoke-Taxi* → S. 43

● Im rauchenden Schwitzkasten

Finnland ist Saunaland. In jedem Sommerhaus am See gibt es eine Sauna. Doch eine Rauchsauna ist das Besondere unter dem Typischen. Im *Flößercamp Jätkänkämppä* bei Kuopio können Sie dieses Erlebnis dienstags und donnerstags erleben → S. 74

● Auf den Spuren der Kalevala

Das Nationalepos der Finnen, die *Kalevala*, ist in Versen (Runen) gedichtet. Im Runensängerdorf von *Ilomantsi* erleben Sie karelische Kultur mit der Kantele, dem Instrument der Runensänger → S. 83

● Wildnis auf Schritt und Tritt

Den Großteil Finnlands bedecken Wälder, Seen und Eislandschaften. Riesig und urwüchsig sind die Wanderreviere. Das berühmteste Wildnisparadies Finnlands ist der *Oulanka-Nationalpark* → S. 86

● Auf Schlittensafari

Es ist ein einzigartiges Erlebnis, von einem Rudel Huskys durch die tief verschneite Märchenlandschaft Lapplands gezogen zu werden. Intensiver lässt sich die endlose Weite des finnischen Winters nicht erleben – zum Beispiel mit dem *Huskyzentrum Harriniva* in Muonio → S. 93

● Finnischer Pulsschlag: der Tango

Finnland gilt als Tangohochburg – getragen und schwer wird er hier getanzt. Trübsal bläst deshalb aber keiner. Im Gegenteil, der Tango ist ein Lebensgefühl – und das kleine *Seinäjoki* wird einmal im Jahr zur Pilgerstätte der Tänzer (Foto) → S. 116

TYPISCH

BEST OF ...

SCHÖN, AUCH WENN ES REGNET
Aktivitäten, die Laune machen

Trockenen Fußes auf Shoppingtour
Finnische Markenprodukte, schön überdacht: An Orten wie *Stockmann*, dem größten Warenhaus in Helsinki (Foto), oder *Tuuri kyläkauppa,* dem größten Dorfladen des Landes, könnte der Regen gern noch etwas länger dauern → S. 30, 40

In den Wolken dem Regen trotzen
Ein Cocktail in der gemütlichen *Atelierbar* im 14. Stock hoch über Helsinki sorgt auch bei Regen für gute Laune und „Hoch-gefühl" → S. 44

Handwerk zum Ausprobieren
Für einen Tag Goldschmied, Kürschner, Weber, Bäcker oder Schmied – das *Handwerksmuseum* in Turku macht's möglich → S. 61

Ab ins Papiermuseum
Die historische *Verla-Kartonfabrik* gehört zum Unesco-Weltkulturerbe. Die Führung dort ist eine Reise in die Anfänge der finnischen Papierindustrie. Wenn Sie wollen, können Sie auf dem Museumsgelände sogar übernachten – in alten Arbeiterhütten → S. 71

Abtauchen in finnische Musik
Die Vielfalt an finnischer Musik ist groß. Ein Regennachmittag reicht nicht aus, um sich einzuhören. In der Musikabteilung der *Stadtbibliothek Metso* in Tampere können Sie sich umrahmt von beeindruckender Architektur finnische Musik-CDs aus allen Stilrichtungen zusammenstellen lassen und in einem Musikraum anhören → S. 76

Zeit für Experimente
Wenn es draußen trübe ist, verspricht das *Wissenschaftszentrum Heureka* in Vantaa Erleuchtung und hält das Versprechen, sich mit viel Spaß, überraschenden Experimenten und jeder Menge Möglichkeiten als Forscher auszuprobieren – nicht nur, aber auch für Kinder → S. 113

REGEN

ENTSPANNT ZURÜCKLEHNEN
Durchatmen, genießen und verwöhnen lassen

● **Badegenuss an Kliffhäusern**
Die roten Felsen der Åland-Inseln sind ideal zum Sonnenbaden: schön warm und rund. Darum stehen die Kliffhäuser im *Havsvidden Hotel und Resort* direkt oben drauf → S. 56

● **Im Takt der Vierhufer**
Diese Wanderung im hohen Norden ist im wahrsten Sinne unbeschwert und auf Tuchfühlung mit der Natur: Ein freundliches Rentier trägt Ihr Gepäck, während Sie entspannen und mit allen Sinnen die Stille der Fjells bei Utsjoki genießen → S. 91

● **Raus aufs Wasser**
Während die schöne Seenlandschaft mit ihren dichten Wäldern gemächlich vorbeizieht, genießen Sie ganz entspannt finnische Spezialitäten und Sonnenstunden an Deck bei einer nostalgischen Bootstour mit der alten *M/S Pujo* von Savonlinna nach Kuopio → S. 73

● **Gut für die Glieder**
Im Spa *Frantsilan Hyvän Olon Keskus* bei Hämeenkyrö dreht sich alles um Ihr Wohlbefinden: Auf dem Programm stehen Reiki, Kräutersauna und Ayurveda. Spätestens nach einer traditionell finnischen Gliederkorrektur sind alle Knochen und die Seele wieder am rechten Fleck → S. 79

● **Unter dem Nordlicht**
Im *Arktikum* in Rovaniemi (Foto) liegen Sie bequem auf dem Rücken, während Nordlichter und mythische Geschichten über den riesigen Leinwandhimmel huschen und Ihnen den Norden Finnlands so näherbringen → S. 91

● **Wellness nicht nur fürs Auge**
Sie wollen nicht nur den Körper entspannen, sondern auch was fürs Auge haben? Im *Koli Relax Spa* gönnen Sie sich neben Sauna und Duschzauber eine großartige Aussicht, wenn Sie auf einer warmen Saunaliege den Blick über Seen und Wälder schweifen lassen → S. 85

ENTSPANNT

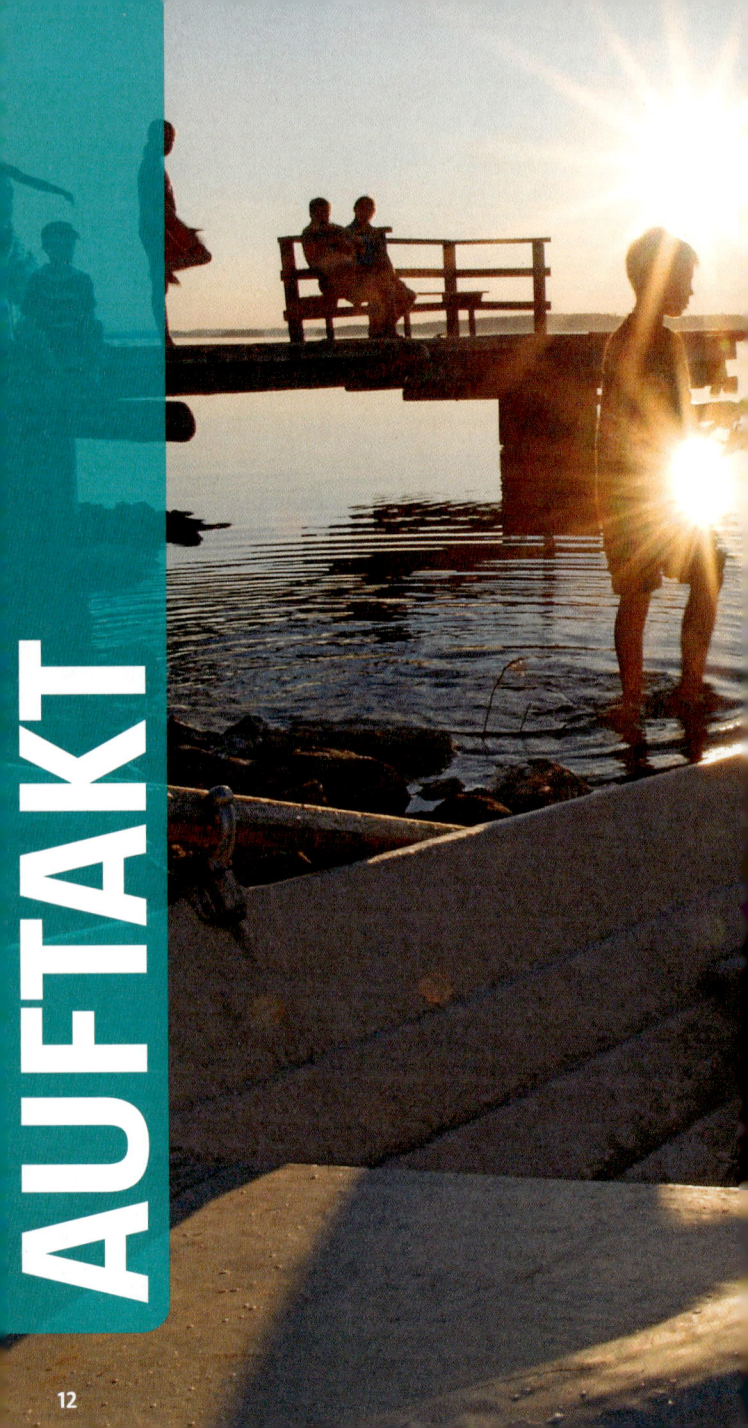

AUFTAKT

ENTDECKEN SIE FINNLAND!

„Platsch", macht es leise auf dem See. Eine Schellente ist soeben untergetaucht, um sich einen Fisch zu angeln. Das spiegelglatte Wasser zeigt mit größer werdenden Kreisen, wo der Vogel verschwunden ist. Irgendwo im angrenzenden, dichten Wald hämmert ein Schwarzspecht. Sonst ist da nichts. Nur die Stille, das Häuschen am See, der Bootssteg und die Sonne, die groß und hell am Himmel steht. *Tervetuloa Suomeen:* Willkommen in Finnland. Willkommen im hohen Norden, wo Europa wild und einsam wird.

Das „Land der tausend Seen" wird Finnland oft genannt – doch das ist eine Untertreibung. Wer hierherkommt, kann sich auf knapp 187888 Seen, 3,2 Mio. Saunas und schier endlose Wälder freuen. Wie ein Flickenteppich aus Blau und Grün wirkt die Landschaft. Dazwischen stehen rote Holzhäuschen mit weißen Fensterrahmen. Diese typisch finnischen Blockhütten mit Sauna und *Bullerbü Charme*, auf Finnisch *mökkis* genannt, sind ein Traum für Naturfreunde. Hier gibt es keine Hektik, keinen Stress, keinen Lärm: Zwei Wochen am See sind Urlaub für die Seele. Wer zwischendurch etwas Abwechslung sucht, der besucht seine Nachbarn: Die Finnen verstehen es, den Sommer zu feiern.

Bild: Abendstimmung am See Kiantajärvi

Im *mökki* in Godby auf den Åland-Inseln lässt man den Alltag schnell hinter sich

Nur 5,4 Mio. Menschen leben in *Suomi,* wie das Land auf Finnisch heißt. Ihr Lebensstil ist geprägt von einem kurzen Sommer, in dem das Leben explodiert. Wer zu **Mittsommer** – die Zeit um den 21. Juni – durchs Land fährt, stellt fest: Keiner schläft, alle feiern. Im Sommer verlagert sich das Leben aufs Land, raus aus den Städten, hin zur Natur. Die Sonne geht nicht unter, sondern taucht die Nacht in eine diffuse, silbrige Dämmerung. Es sind heitere Tage, in denen das Leben intensiv zelebriert wird, etwa bei den feuchtfröhlichen Festlichkeiten rund ums Mittsommerfest

Im Sommer explodiert das Leben in Finnland

oder beim Tangotanzen unter freiem Himmel. Das größte *Tangofestival* seiner Art findet alljährlich im Juli im kleinen Seinäjoki statt. Mit dem Sommer beginnen auch eigenwillige Wettkämpfe wie Motocross-Rennen auf Schotterstraßen, Sumpffußball, Kirchbootrennen oder der Wettkampf im *Gummistiefel-Weitwerfen* – eine Sportart,

98 n. Chr.
Erste Erwähnung der „Fenni" in der Germania von Tacitus

1155
Erster schwedischer Kreuzzug. Finnland wird schwedisch und christianisiert

1550
Helsingfors wird gegründet, das spätere Helsinki

1809
Finnland wird russisches Großfürstentum

1812
Helsinki wird Hauptstadt

1835
Elias Lönnrot veröffentlicht das finnische Nationalepos Kalevala

die mittlerweile sogar in Deutschland angekommen ist. Doch so skurril diese Veranstaltungen anmuten, so sehr täuschen sie auch: Die Finnen sind keine kulturellen Leichtgewichte. Ganz im Gegenteil ist der Sommer auch die Zeit der Hochkultur. Alljährlich im Juli finden in Savonlinna, dem Bayreuth des Nordens, die weltberühmten *Opernfestspiele* statt. Und die große Kunst kommt bis zur letzten Birke: Künstler von Weltrang touren von Juni bis August quer durchs Land, etwa zum Kammermusikfestival nach Kuhmo an der russischen Grenze oder zum Filmfestival Midnight Sun ins kleine Sodankylä in Lappland. Platz für ein *Sommertheater* ist im kleinsten Dorf. Manchmal stehen Kunstwerke sogar überraschend mitten in der Wildnis.

Die wichtigste Zutat zu einem perfekten Sommer aber ist das *Sommerhäuschen* namens *mökki*. So gut wie jeder Finne hat eines – oder wenigstens Freunde, die eines besitzen. Während Helsinki im

> **Ein Haus am See, und der Urlaub ist perfekt**

Sommer den Touristen vorbehalten bleibt – und so manches Lokal der Hauptstadt zwischen Juni und August geschlossen ist –, erholen sich die Einheimischen in ihren Sommerhütten vom arbeitsreichen Winter, von der Stadt, vom Lärm und von den Widrigkeiten des Lebens. Eine *Sauna* gehört zum *mökki* so selbstverständlich dazu wie die Eingangstür. Wenn Sie von Bekannten oder Nachbarn während Ihres Urlaubs einmal zu einem gemeinsamen Saunabesuch eingeladen werden, sollten Sie das keinesfalls ausschlagen: Die Einladung zum gemeinsamen Saunieren ist der finnische *Sympathiebeweis* schlechthin.

Die tröstliche Wärme der Sauna hilft auch über die langen Wintermonate hinweg, wenn sich *arktische Dunkelheit* über das Land senkt. Mit Langlaufskiern und Schneeschuhen trotzen traditionelle Finnen der Kälte, um fit zu bleiben – nahezu jede Gemeinde unterhält beleuchtete Loipen und Skipisten. Der moderne Nordländer hingegen bevorzugt den Motorschlitten und knattert mit bis zu 70 Sachen durch die Schneelandschaft. So oder so: Ein anschließender Saunagang ist Pflicht, Hartgesottene hüpfen zur Abkühlung zwischendurch in ein *Eisloch*. Die Menschen sind bemüht, ihr Leben bei Dunkelheit und Kälte so abwechslungsreich wie möglich zu gestalten und ihren Alltag trotz widriger Umstände aufrechtzuerhalten. Finnen begegnen den Naturgewalten mit einer *landestypischen Hartnäckigkeit:* So funktionieren Flughäfen auch bei Extremfrost und Schneemassen werden routiniert beseitigt.

1863
Finnisch wird zweite Amtssprache neben Schwedisch

1906
Als erstes Land in Europa führt Finnland das Frauenwahlrecht ein

1917
Der Senat erklärt die Unabhängigkeit Finnlands von Russland

1919
Begründung der Republik Finnland

1939–1944
Winterkrieg und Fortsetzungskrieg gegen die Sowjetunion, teilweise in Kooperation mit Deutschland. Finnland verliert große Teile seiner Landesfläche

Im Land der Individualisten und Eigenbrötler, wo Nachbarn oft kilometerweit entfernt wohnen, ist *sisu* eine der **Primärtugenden**. Gemeint ist damit die Fähigkeit, Ziele allen Widerständen zum Trotz zu erreichen. *Sisu* braucht die kleine Industrienation auch ganz aktuell, um eine Rezession und die Folgen der EU-Sanktionen gegen den wichtigen Wirtschaftspartner Russland zu verkraften. In den Schulen wird den Kindern das Rüstzeug für ein erfolgreiches Berufsleben auf dem internationalen Parkett vermittelt. Wie erfolgreich Finnland dies tut, belegen *Bildungsstudien* immer wieder. So beginnt beispielsweise der Computer- und Fremdsprachenunterricht schon in der ersten Klasse. Zum Glück, denn Finnisch ist eine Exotensprache: Es zählt zu der kleinen Familie der *finnougrischen Sprachen*. Wer der finnischen Kultur ernsthaft näherkommen möchte, sollte deshalb einige Worte dieses seltsamen Vokabulariums erlernen – aber auch wissen, dass die Finnen dem Gast jederzeit gerne auf Deutsch oder Englisch Auskunft geben.

Ein kompromissfähiges und tolerantes Volk

Rund 700 Jahre gehörte das finnische Volk zum Königreich Schweden. Die Oberschicht sprach Schwedisch, Finnisch war die Sprache der Bauern und Waldarbeiter. Durch die Ostsee vom „Festland" getrennt und mit einer 1200 km langen Grenze an Russland angrenzend, war das Gebiet häufiger *Zankapfel* zwischen den Großmächten und fiel 1809 an Russland. Der Status als autonomes Großfürstentum legte den Grundstein für die spätere Nation Finnland. Helsinki wurde Regierungssitz, *Nationalbewusstsein* erwachte und die finnische Sprache wurde 1863 als zweite offizielle Amtssprache anerkannt. Auch Musik und Architektur entwickelten ihren eigenen Stil. 1917 erklärten die Finnen während der russischen Oktoberrevolution mutig ihre Unabhängigkeit. Im Bürgerkrieg 1918 und im Zweiten Weltkrieg kämpfte die junge Nation mehrmals um ihre Existenz. Heute ist Finnland eine *parlamentarische Demokratie* und zählt zu den stabilsten Gesellschaften der Welt. Das Land ist seit 1995 engagiertes Mitglied der Nettozahler in der EU. Sicherheitspolitisch setzt Finnland auf Wehrpflicht zur Selbstverteidigung und ist kein Mitglied der NATO.

Auf manche Menschen wirkt Finnland eintönig. Charmanter formuliert: Wer Gesellschaft liebt, sollte Städte und Festivals besuchen. Die Einwohnerdichte Finnlands ist mit 14 Menschen pro km² sehr niedrig, weite Teile sind nur dünn besiedelt und

1944–45	1948	1995	2008	2012	2017
Lapplandkrieg gegen Deutschland	Finnland schließt Freundschaftsabkommen mit der Sowjetunion	Finnland tritt der EU bei	Der Friedensnobelpreis geht an den Finnen Martti Ahtisaari	Helsinki trägt den Titel Welt-Designhauptstadt	Finnland feiert 100 Jahre Unabhängigkeit

Auch das lebhafte Helsinki lädt zum Chillen ein, wie im Vanha-Kirkkopuisto-Park

Lappland – immerhin ein Drittel des Landes – ist nahezu menschenleer. Das hat jedoch auch viele Vorteile: Sie können sich als Gast darauf freuen, in einem sauberen See ausgiebig zu schwimmen und *frische, klare Luft* zu atmen. Finnlandliebhaber schätzen stundenlange Wanderungen und Paddeltouren durch weite Landschaften, die zwar nicht immer unberührt sind, aber noch Bären und Adler, Wölfe, Fischotter und viele andernorts seltene Tiere und Pflanzen beheimaten. *Millionen Beeren* und Pilze warten jährlich auf ihre Ernte.

Restaurants verarbeiten frische, regionale Zutaten, die auch ohne Ökosiegel oft Bioqualität aufweisen. Ökobewusstsein nimmt zwar zu, ein grünes Märchenland ist Finnland trotzdem nicht. Energiepoli-

Wo Bären, Wölfe und Adler zu Hause sind

tisch setzt man auf Atomenergie und Erzabbau, Sümpfe werden großflächig trockengelegt und Wälder kahlgeschlagen, Städte wachsen zum Teil recht unharmonisch in die Landschaft. Die rasante *Landflucht* nach dem Zweiten Weltkrieg hat vielen ehemals idyllischen Holzstädten phantasielose Betonblöcke beschert. Dafür verfügt das Land vermutlich über die meisten Wohnsiedlungen und Hotels mit Seeblick in Europa.

Im Kontrast dazu gibt es auch sehr malerische Winkel, etwa die *Holzhausviertel* der Küstenstädte. Kulturtouristen finden im reicheren Süden zwischen Gutshäusern, Kunstgalerien und Yachthäfen eher ihr Biotop als im herben, rauen Norden. Obwohl auch dort Überraschungen warten. Spannend und auf eine ganz eigene Art anders ist Suomi überall. Nirgendwo sonst wachsen die Bäume so gerade in den Himmel, ist das Licht im Sommer so hell und sind die Seen am Abend so still wie hier. Die Chance zum Durchatmen und *Energietanken* bietet das Land immer und überall. Herzlich willkommen in Finnland!

IM TREND

1 Kaffeeboom

Hauptsache dunkel Finnland gehört weltweit zu den Top Ten beim Kaffeeverbrauch. Dunkle Röstungen sind begehrt, kleine Röstereien sorgen für neue Bohnen. In Helsinki experimentiert *Kaffa Roastery (Pursimiehenkatu 29a | kaffaroastery.fi)* mit kaltgebrautem Cold Brew, 🌐 *Papu (www.paahtimopapu.fi)* in Jyväskylä setzt auf Ökobohnen. *Carnevale (Laurinkatu 55)* röstet in Lohja. Über *www.slurp.fi* werden frische Bohnen oder Pulver verschickt, wenn's sein muss, bis in Ihr Sommerhaus.

Ökodesign

Mehr als Mode 🌐 Sie wollen gestalten, aber keine Umweltzerstörung – junge, finnische Designer greifen den Ökotrend auf und verwenden, was andere wegwerfen. Modebiotope in Helsinki sind *Nudge (Yrjönkatu 30 | www.nudge.fi) (Foto)* und *Globehope (Aleksanterinkatu 28),* in Tampere *Super Mukava (Otavalankatu 3a)* und im Internet u. a. *www.weecos. com* und *www.nurmiclothing.com.* In Helsinki macht *www.costo.fi* fesche Mützen aus Möbelstoffresten.

2

NUDGE, NUDGE, WINK, WINK

Aktive Synthese

3

Tradition und Moderne vereint Finnen heißen Neues willkommen, ohne Altbewährtes aufzugeben. *Saunayoga (www. saunayoga.com/fi)* bringt Indien in die Sauna und Hotyoga *(www. kuruyoga.fi)* Biegsamkeit ins kalte Lappland. Fürs Kite-Surfen auf zugefrorenen Seen übt man im Sommer, z. B. in Oulu *(www.lappis.fi).* Stand-up-Paddeln ist en vogue. Das Land, das durch Nokia zur digitalen Abhängigkeit der Welt beitrug, entdeckt nun, dass sich mit „digitaler Entgiftung" Geld verdienen lässt. Besonders der geräuscharme Norden eignet sich gut für einen Detox-Urlaub mit *www.torassieppi.fi.*

Brunch

Frühstück ist out Die Begeisterung der Finnen fürs Essen ist ungebremst. Nun gibt es zusätzlich luxuriösen Gourmet-Brunch: Sektfrühstück, Mittagsbüfett, geselliges Genießen in einem, kurz: schick ausgehen gleich zu Beginn des Tages. In Helsinki bommt der Trend so sehr, dass eine Übersicht nötig wurde: *brunssipartio.fi*. In vielen Lokalen geht nichts ohne Reservierung, so bei *Sandro (Tehtaankatu 34 | www.sandro.fi)* in Eira und *Ravintola Sunn (Aleksanterinkatu 26)* am Senatsplatz. Deutsche Akzente setzt *Café Daja (Mariegatan 13b) (Foto)*, selbst gemachte englisch-finnisch-österreichische Vielfalt gibt's bei *Deli Café Maya (Punavuorenkatu 3)*. Finnen lieben Stille und Einsamkeit? Das war einmal – und der Champagner steht schon auf den Tischen.

Elixier Bier

Klein und fein Bier aus Massenproduktion? Das langweilt die Finnen. Mikrobrauereien schaffen da seit einiger Zeit Abhilfe *(www.en.pienpanimoliitto.fi/3)* und gründen die Bar gleich mit. In Helsinki finden sich Fans geschmackvoller Braukunst bei *Suomenlinna Panimo (www.panimoravintola. fi) (Foto)* auf Suomenlinna und bei *Bryggeri (Sofiankatu 2)* am Senatsplatz wieder. Brandneu fließt das kühle Blonde in Helsinki im *Stadin Panimo (Kaasutehtaankatu 1)* und bei *Il Birrificio (Fredrikinkatu 22)* in die Gläser. In Pori braut *Beer Hunter's* helles „Mufloni". ☺ *Gutshof Malmgård (www. malmgard.fi)* ist für Bio-Gerstensaft berühmt. Billig ist der Spaß nirgends, aber am Wochenende stehen die Durstigen in Bierkneipen wie dem *Kaisla (Vilhonkatu 4)* in Helsinki trotzdem Schlange.

FAKTEN, MENSCHEN & NEWS

ARCHITEKTUR

Traditionell wohnen Finnen in einem farbigen Holzhaus mit weißen Fensterrahmen. Doch international berühmt wurde das Land mit Architekt Alvar Aalto (1898–1976), der mit Carrara-Marmor nicht nur teures Material, sondern auch funktionalistisches Gedankengut einführte. Junge Architekten bringen Holz in modernster Form zurück. Bekannte Beispiele: der Sibeliussaal in Lahti, das Kierikki-Steinzeitzentrum in Yli-Ii, die Pyhän-Henrikin-Kunstkapelle bei Turku, die Kapelle der Stille in Helsinki und das Naturzentrum Haltia in Espoo. Allein in Helsinki stehen weitere Vorhaben vor der Vollendung wie die Stadtbibliothek (2018), das Viertel Wood City (2017) und das Meeresspa Allas am Südhafen.

BÄR, ELCH & CO.

Ursus arctos, der Braunbär, ist das Nationaltier Finnlands – es gibt etwa 1000 der großen Raubtiere in den Wäldern im Nordosten Finnlands. Die Wahrscheinlichkeit, ihnen zu begegnen, ist jedoch gering. Bären sind menschenscheu. Organisierte Fotosafaris sind daher beliebt. Sollten Sie beim Blaubeerpflücken doch auf Meister Petz treffen: auf keinen Fall hastig flüchten, auf einen Baum klettern oder den Bären anstarren. Lieber Ruhe bewahren und langsam zurückgehen. Bären lieben Beeren: Lassen Sie Ihre Ernte am besten stehen.
Die Wahrscheinlichkeit, einem der rund 120 000 Elchen zu begegnen, ist dagegen sehr groß. Autofahrer sollten die gelb-roten Warnschilder mit dem Elch-

Von Architektur über nachhaltige Energie bis Sauna: Den Menschen in Finnland gelingt der Spagat zwischen Moderne und Tradition

symbol ernst nehmen. Rund 2000 Unfälle passieren jährlich — mit meist tödlichem Ausgang für den Elch und Totalschaden für das Auto, denn die massigen Tiere sind mit einer Schulterhöhe bis 2,30 m und einem Gewicht von 800 kg ernsthafte Gegner. Mit Sicherheit begegnen Sie den Rentieren in Lappland. Mit 200 000 Exemplaren sind sie dort zahlreicher als Menschen und bewegen sich frei in der Natur, so wie auch das verbreitetste Tier Finnlands: die gemeine Mücke.

BILDUNG

„Alle sollen das Klassenziel erreichen." Unter diesem Motto ist die neunjährige Grund-Gesamtschule in Finnland organisiert. Alle Lernmittel werden gestellt, es gibt warmes Mittagessen und schwächere Kinder erhalten Unterstützung. Eine gute Sprachausbildung ist wichtig, denn die Wirtschaft ist auf Export angewiesen. Neben den offiziellen Landessprachen Finnisch und Schwedisch lernen die Kinder eine weitere Fremdsprache ab der 1. Klasse, meist Englisch,

Russisch oder Deutsch. Ab vier Kindern gibt es für Immigranten Unterricht in der eigenen Muttersprache. Das Bildungssystem gehört laut OECD zu den fünf Besten, die Analphabetenquote ist mit nur ein Prozent die niedrigste weltweit. Auch

Funktionale Schönheit im Designmuseum von Helsinki

höhere Bildung ist für Finnen und EU-Bürger (noch) kostenlos. Es gibt das Zentralabitur und harte Aufnahmetests an den Universitäten, rund ein Drittel der Abiturienten erhält einen Studienplatz. Am härtesten sind die Tests für Lehrer. Nur die Besten kommen an die Schulen, wo sie, gut ausgebildet, ein zwar nur durchschnittliches Gehalt, aber dafür 10 Wochen Sommerferien, kreative Freiheit und gesellschaftliche Anerkennung genießen.

DESIGN

Von der nordischen Natur inspiriert, orientieren sich finnische Designer an der Zukunft und nutzen modernste Technik. Bestes Beispiel ist FOC (Freedom of Creation) mit Produkten aus dem 3-D-Drucker. Wer finnisches Design sehen will, kann dafür ins Museum gehen. Eine Einladung in eine finnische Wohnung oder ein Bummel durch die Geschäfte tun es auch. Design ist in Finnland ein Gebrauchsgegenstand, den man überall finden und kaufen kann. Am bekanntesten sind *Arabia* und *Pentik* (Keramik), *Iittala* (Glas), *Artek* (Aalto-Möbel und Einrichtungsgegenstände), *Kalevala Koru* (mythische Schmucksymbolik) und natürlich das Textilunternehmen *Marimekko,* das seine Stoffe mit kräftigen Farben und mutigen Formen bedruckt.

FRAUEN

Finnische Frauen gelten als willensstark, selbstbewusst und unabhängig. Ihre politische Teilhabe hat eine über 100-jährige Tradition: 1906 erhielten sie als erste Frauen in Europa das aktive und passive Wahlrecht. Tarja Halonen war von 2000 bis 2012 Präsidentin des Landes. Im europäischen Vergleich sind finnische Frauen sehr gut ausgebildet. Die Beschäftigungsquote der Frauen liegt mit 68 Prozent gleichauf mit der der Männer, das Lohngefälle liegt jedoch bei 20 Prozent. Finninnen bekommen im Durchschnitt 1,8 Kinder und erhalten vom Staat ein Willkommenspaket mit allem, was Mutter und Kind am Anfang brauchen. Der Staat unterstützt Frauen in ihrer Berufstätigkeit durch ausreichende Kindergartenplätze und Verpflegung der Schulkinder, daher arbeiten die meisten Mütter Vollzeit. International bekannte finnische Frauen sind u. a. die Opernsängerinnen Karita Mattila und Soile Isokoski sowie die Malerin Helene

Schjerfbeck. Armi Ratia ist die Begründerin von Marimekko. Die Muminbücher haben Tove Jansson in 40 Sprachen berühmt gemacht und Tarja Turunen ist die Leadsängerin der Rockband Nightwish.

INDUSTRIE

Schon der mythische Held Väinämöinen im Nationalepos Kalevala verstand es, unsinkbare Boote zu bauen. Heute verlassen Eisbrecher, Fähren und riesige Kreuzfahrtschiffe die Werften. Die größte in Turku gehört seit 2014 der deutschen Meyer Werft Papenburg. Der Nokia-Konzern stellte zu Beginn des 20. Jhs. noch Gummistiefel her, 100 Jahre später war er Marktführer der Mobiltelefonbranche. Die Telefonsparte wurde an Microsoft verkauft, doch Nokia ist immer noch zweitgrößter Konzern Finnlands. UPM, einer der zehn größten Papierhersteller, macht sich mit umweltbewusster Technik einen Namen: Das Unternehmen wandelt Tallöl, ein Abfallprodukt der Zellstoffherstellung, in Biodiesel. Dafür erhielt es 2014 den EU-Preis für nachhaltige Energien. Neuer Imageträger ist mit Rovio (Angry Birds) und Supercell (Clash of Clans) die Online-Spieleindustrie. Umsatzstärkste Exportindustrie ist die Petrochemie. Da 80 Prozent des Ex- und Imports per Schiff abgewickelt werden, unterhält der Staat eine Flotte von acht Eisbrechern, deren Gesamtkapazität dem Energiebedarf der Stadt Turku entspricht.

KALEVALA

Das Nationalepos Kalevala ist eine Sammlung alter Sagen und Mythen, die über Jahrhunderte im Volk durch Gesang überliefert wurden. Elias Lönnrot (1802–1884) wanderte 20 Jahre durch Finnland, um Tausende Verszeilen aufzuschreiben, wohl ahnend, dass die Tradition der mündlichen Überlieferung am Ende des 19. Jhs. aussterben würde. Die erste Ausgabe erschien 1835 und hat das finnische Nationalbewusstsein stark beeinflusst. Das Epos ist bis heute lebendig und inspiriert Durchschnittsfinnen wie Künstler. Es wurde in zahlreiche Sprachen übersetzt, die leicht verdauliche Comicversion von Mauri Kunnas gibt es in jedem Buchladen.

MINDERHEITEN

Das Verbreitungsgebiet der Samen *(sami)* reicht von Norwegen bis

FUCHSFEUER AM HIMMEL

Ein Drittel Finnlands liegt nördlich des Polarkreises. Im Sommer geht hier die sogenannte Mitternachtssonne bis zu 70 Tage nicht unter. Dafür herrscht im Winter die Polarnacht *Kaamos*, eine bläuliche Dunkelheit, die bis zu 50 Tage dauert. Vor allem zur Tag- und Nachtgleiche im Herbst und Frühjahr wandern Nordlichter über den Himmel, Lichterscheinungen, um die sich viele Mythen der Ureinwohner ranken. Die Samen nennen diese Lichter *revontuli*, Fuchsfeuer. Einer Sage zufolge malt ein Fuchs die Farben mit seinem buschigen Schwanz an den Himmel. Laut Wissenschaft entsteht das Polarlicht beim Auftreffen geladener Teilchen des Sonnenwinds auf die Erdatmosphäre. In Aurorakuppeln beobachten Sie in Lappland das Nordlicht, das meist zwei Stunden vor und nach Mitternacht auftritt, gemütlich vom Bett aus.

zur Kola-Halbinsel in Russland. Sie gelten als Urbevölkerung des Nordens, die immer weiter verdrängt wurde. Sie leben von der Rentierzucht, vom Fischfang und vom Tourismus. Lange als Menschen zweiter Klasse angesehen, genießen die 8000 Samen heute rechtlichen Schutz in Finnland, sie wählen ein eigenes Parlament *(sámediggi)*, ihre Sprache wird in der Schule gelehrt. Sie pflegen ihre Kultur und die von Schamanismus geprägte Naturreligion, zu besonderen Anlässen holen Sie ihre bunten Trachten hervor. Konflikte gibt es mit Holzkonzernen, deren Kahlschläge die Winternahrung der Rentiere, die Rentierflechte, vernichtet.

„Rückkehrer" werden die ca. 40 000 Menschen genannt, die meist aus dem Osten Kareliens kommen und heute in Finnland leben. Sie sprechen Russisch, die Mehrheit gehört dem orthodoxen Glauben an. Eine dritte Gruppe sind die Roma. Etwa 10 000 von ihnen leben in Finnland, ihre Sprache ist offiziell als Minderheitensprache anerkannt.

Die 290 000 Finnlandschweden wohnen vor allem an der Westküste und in der Inselprovinz Åland. Schwedisch ist zweite offizielle Amtssprache. Den Schweden haftet der Dünkel einer Oberschicht an, da traditionell meist reiche Familien und die etwa 6000 Adligen Finnlands Schwedisch sprechen. Nord- und ostfinnische Schulbezirke streben danach, Schwedisch als Pflichtfach in der Schule auszusetzen, um Russisch anbieten zu können.

MÖKKI

Das Sommerhaus am See ist die finnische Version von „zurück zur Natur". Es gibt über eine halbe Million dieser Hütten. Einfache Tätigkeiten wie Holzhacken, Beerensammeln, Rudern, Grillen, Angeln und natürlich Saunen mit Bad im See machen das *mökki* zum perfekten Ort des Anti-Stress-Programms. Nicht jede Familie leistet sich ein eigenes Häuschen, weshalb man sich sein Traumhäuschen überall mieten kann.

MUSIK

Jean Sibelius ist der große Name der finnischen Klassik. Wie kein anderer verstand es der Komponist (1865–1957), die Stimmungen der finnischen Natur in einer eigenen Musiksprache wiederzugeben, so im weltberühmten, melancholischen Walzer „Valse Triste". Seine „Finlandia" ist an der Entstehung der Nation Finnland maßgeblich beteiligt.

Die aktuelle Musikszene ist unglaublich vielfältig und nahezu unüberschaubar. Jede Stilrichtung ist vertreten, und es klingt immer finnisch: Elektro-Kantele (Timo Väänänen) oder Cello-Rock (Apokalyptica), Akkordeon-Revolution (Kimmo Pohjoinen) und Kalevala-Gesang (Värttinä). Besonders beliebt ist Metal-Rock: hart, laut und oft sehr düster. Fordern hier dunkle Wintermonate, stille Waldeinsamkeit und emotionale Selbstkontrolle ihren Tribut? Stratovarius, Nightwish, Children of Bodom, HIM und The Rasmus sind international bekannt. Pop-Hits und Schlager ertönen rund um die Uhr im Radio bei *www.suomipop. fi*. Urgesteine sind u. a. Eppu Normaali, ZenCafé, Maija Vilkumaa, PMMP, Chisu und Anna Puu. Der schwermütige Tango ist meist live auf sommerlichen Tanzbühnen zu erleben. Der Afro-Finne Juno, der Same Amoc sowie Cheek und Elastinen machen Suomi-Rap. Die Leningrad Cowboys gelangten vor allem durch die Filme von Aki Kaurismäki zu Weltruhm.

SAUNA

Der finnische Saunagang ist einfach und naturverbunden – egal ob im Holzhäuschen am See, auf dem Campingplatz oder in der Sauna eines Miethauses. Es gibt in Finnland keine Regeln beim Schwitzen. Erlaubt ist, was gut tut und niemanden stört. An Juhannus werden Büschel aus Birkenzweigen *(vihta)* gebunden, mit denen man sich selbst oder gegenseitig sanft schlägt – das riecht gut und fördert die Durchblutung. Anzügliche Blicke sind beim Schwitzen

WOHLFAHRTSSTAAT

Suomi bemüht sich, ein skandinavischer Wohlfahrtsstaat zu sein. Die staatliche Gesundheitsversorgung ist bis zum 18. Lebensjahr kostenlos, Schule, Ausbildung und Studium ebenfalls. Eine Grundrente von über 600 Euro pro

Im Sommer findet man die Finnen in ihren *mökkis* – dieses Exemplar steht auf Åland

fehl am Platz. Männer und Frauen saunieren meist getrennt. Was dagegen üblich ist, sind zahlreiche Abwandlungen des Schwitzkastens: Es gibt die Sauna im Reisebus und im Wohnmobilanhänger, als elektrische Minivariante fürs Apartment und sogar in einer Gondel in Ylläs. Auch die ursprüngliche Rauchsauna *(savusauna)* erlebt eine Renaissance, nachdem sie wegen häufiger Brandfälle beinahe ausgestorben war. Sollte der Aufguss übrigens einmal nach Teer riechen, dann befindet sich *löylyterva* (Saunateer) im Aufgusswasser, neben Wodka und Schröpfen das dritte Allheilmittel im alten Finnland.

Monat pro Person und eine zusätzliche Arbeitsrente, die zu zwei Drittel vom Arbeitgeber finanziert wird, sichern das Auskommen der meisten Finnen im Alter. Ein allgemeines Grundeinkommen wird diskutiert. Die meisten Finnen sind Eigentümer ihres Wohnraums, viele besitzen Wald sowie ein Sommerhaus am See. Seit 2008 kämpft das Land mit einer Rezession, die durch die EU-Sanktionen gegen Russland, den wichtigsten Wirtschaftspartner Finnlands, seit 2014 noch verschärft wurde. Nun schwebt der Rotstift drohend über Arbeitslosengeld, Sozialversicherung sowie Bildungssystem.

ESSEN & TRINKEN

Die traditionelle finnische Küche ist nahrhaft und einfach, darauf ausgerichtet, eine hart arbeitende Bevölkerung durch lange, kalte Winter zu bringen. Restaurants nutzen je nach Jahreszeit das frische, typisch nordische Angebot aus der heimischen Natur für ihre bewährten Rezepte.

„Essen macht satt", so sagte man in Finnland und so schmeckte vieles auch. Die Landesküche stand wahrlich nicht im Ruf, auf Sterneniveau zu kochen. Doch eine abfällige Bemerkung über die finnische Küche, die Silvio Berlusconi und Jacques Chirac einst äußerten, hat einen wahren *Kochboom* ausgelöst. Traditionelle Zutaten wie Rote Bete, Steckrübe und Weißkohl werden nun mit Beeren, Fisch und Wild in Gourmeterleb-

nisse verwandelt. Die Auswahl an heimischem Obst und Gemüse ist zwar klimatisch bedingt etwas karg. Doch im dünn besiedelten Land ist vieles auch ohne Siegel bio: Fernab von Industrie und Städten wachsen Obst und Gemüse mit *geringer Schadstoffbelastung* heran und Wild und Fisch stammen natürlicherweise aus artgerechter Haltung.

Auch wer sich an traditionelle Gerichte und regionale Zutaten hält, kann heute überall in Finnland lohnenswerte kulinarische Abenteuer erleben. Helsinki gilt mittlerweile als *Geheimtipp für Gourmets*. Den Küchenalltag bestimmen jedoch immer noch Eintöpfe, Suppen, Aufläufe, Braten und Pasteten – Gerichte, die schnell zuzubereiten sind und wenig Arbeit machen.

Bild: Kalakeitto – finnisches Fischgericht

Die Natur tischt auf: Finnische Köche servieren Ihnen die Wildnis aus Wäldern und Seen – traditionell oder als Gourmeterlebnis

Auch die internationale Billigküche ist heute überall im Land vertreten. *Pizzerien und Asiaten* gehören in jedem Dorf zum Standard der Gastronomieszene. Die landeseigene Fast-Food-Kette *Hesburger* liefert heimische Burger. Vegetarisch ist „in", das Angebot wird zunehmend reichhaltiger.

Wer *Fisch* mag, wird in Finnland gerne essen gehen – im Land der 200 000 Seen gibt es viele gute Speisefische, sowohl an den Binnengewässern als auch entlang der Küste.

Eine besondere Spezialität serviert im Januar die Region Kainuu mit der *Aalquappensuppe*. Den Rogen der Tiere reicht man als Kaviar auf *blinis* zu saurer Sahne. Bereits im März beginnt das Eisangeln nach Hecht, Barsch und Brachsen. Eine verbreitete, typisch nordische Spezialität ist *muikku,* kleine *Maränen* aus dem Seengebiet, die im Ganzen gebraten werden. An der Küste können Sie reinen Wildlachs aus den großen Flüssen genießen, für roh gesalzenes Fischfilet verwenden Finnen neben Lachs oder Re-

Blinis – Buchweizenpfannkuchen, gefüllt u. a. mit Sauerrahm oder Pilzen (Foto li.)

Graavi lohi – gebeizter Lachs mit Dill, auf jedem Büfett und im Supermarkt erhältlich (Foto re.)

Jokiravut – Im Sommer ist Flusskrebssaison. Die Schalentiere werden mit Weißwein und Toast serviert

Kalakukko – mit Fischfilets, Speck und Zwiebeln gefüllte Roggenbrotpastete aus Kuopio; auf Märkten und in Markthallen erhältlich

Karjalanpaisti – karelisches Schmorfleisch mit Rind, Hammel und Schwein sowie Gemüse

Karjalanpiirakka – Im Teig aus Roggenmehl und Wasser steckt eine Füllung aus leicht gesalzenem Milchreis

Kesäkeitto – Sommersuppe mit frischem Gemüse und Kräutern auf Milchbasis

Liekki lohi – Flammlachs. Der ganze Fisch wird aufgeklappt, entgrätet, auf ein Brett genagelt und am Feuer gegrillt

Lohikeitto – leichte Lachssuppe, mit Sahne, Kartoffeln und Dill zubereitet

Mämmi – Osterspeise aus Malz und Roggenmehl mit Orangenschale

Mäti – Fischrogen von Aalquappe oder Renke, angerichtet mit Zwiebeln, Sauerrahm und Pellkartoffeln

Poronkäristys – Rentiergeschnetzeltes auf Kartoffelbrei an Preiselbeeren

Runebergin torttu – Lieblingstörtchen des Nationaldichters Johan Ludvig Runeberg. Im Inneren stecken Mandeln und Himbeerkonfitüre

Särä – im Birkenholztrog gegartes Lammfleischgericht, traditionell serviert in Lemi bei Lappeenranta

Voileipäkakku – ein mächtiger Schichtkuchen aus Brot, Fisch, Mayonnaise und Quark, beliebt an Festtagen

---

genbogenforelle auch die Renke *siika*. Ein kulinarischer Höhepunkt ist der Beginn der Flusskrebssaison am 21. Juli, wegen der abnehmenden Krebsbestände ein zunehmend teures Vergnügen.

Der Sommer ist kurz: Erst nach Mittsommer füllen sich die Marktstände. Sehnsüchtig erwartet werden die delikaten Erdbeeren, Blaubeeren und Himbeeren: Finnland ist reich an solchen Früchten.

Eine rare Spezialität ist die gelbe *Molte-beere lakka* aus den Mooren Lapplands. Sie wird zu heißem Labkäse als Nachtisch serviert und zum Likör verfeinert. Auf dem finnischen Zwei-Euro-Stück ist das Wahrzeichen Lapplands abgebildet. Der Herbst ist die beste Zeit, um *frisches Wild* zu genießen. In traditionell finnischen Restaurants werden dann Elch, Rentier oder Wildente serviert, in russischen Restaurants kommt auch Bär auf den Tisch. Als Salami oder Schinken gibt es das Wildfleisch eingeschweißt zum Mitnehmen, beispielsweise in den Markthallen von Helsinki.

Was Sie in Finnland in Hülle und Fülle kaufen können, sind *Süßigkeiten*. Schokolade (am liebsten von Fazer) macht die Nordländer während der langen Winter glücklich. Gleiches gilt für Speiseeis. Nein, Sie haben sich nicht verlesen: Die Finnen sind trotz arktischer Kälte fleißige *Eisesser*. Beliebt sind auch Beerenkuchen und *pulla,* ein Hefegebäck mit Kardamom. Eine Süßspeise, die Sie noch im hintersten Winkel eines Nationalparks erwarten dürfen, sind *munkki*: ein gezuckertes *Hefeteiggebäck*, das an Berliner oder Donuts erinnert.

Kahvi ja munkki: Dieses Schild wird Sie an jedem Café und auch an vielen Raststätten auf eine kleine Zwischenmahlzeit einladen. Wobei *kahvi* für Kaffee steht – das finnische Nationalgetränk, das in rauen Mengen konsumiert wird.

Auch *Alkohol* wird gerne und viel getrunken, ist aber, vor allem in Restaurants, recht teuer. Lokale mit A-Lizenz schenken alle alkoholischen Getränke aus, eine B-Lizenz beinhaltet Wein und Bier, die C-Lizenz nur *Leichtbier*. Hochprozentige Getränke und Wein finden Sie nur in den Filialen des Alko-Konzerns *(www.alko.fi)*. Die Öffnungszeiten und Ruhetage im Land sind sehr individuell geregelt: Sie finden reine *Mittagsrestaurants*, die bis etwa 16 Uhr geöffnet sind, andere Lokale haben nur im Sommer geöffnet, viele lediglich am Abend und manche wieder nur am Wochenende. Die eigentliche *Hauptmahlzeit* des Tages ist das warme Abendessen, das recht früh beginnt: Wenn Sie um 17 Uhr ins Restaurant gehen, liegen Sie damit absolut im Zeitrahmen. In den großen Städten haben die Küchen bis Mitternacht geöffnet, auf dem Land sollten Sie damit nicht rechnen. Viele Lokale bieten günstige und gute Mittagsbüfetts *(lounas)*. Wer die *Landesküche und -kultur* in einer persönlichen und originellen Form erleben möchte, kann bei *www.cosyfinland.com* ein Essen bei finnischen Gastgebern zu Hause buchen.

Am liebsten outdoor den Kaffee genießen: Cafe Kappeli in Helsinki

EINKAUFEN

Finnland ist eine Mischung aus Dorf-laden und *American dream:* Familiä-re Märkte und Markthallen, die frische Naturprodukte verkaufen, und Einkaufs-zentren im US-Stil existieren nebenei-nander. Eine Mischung aus beidem ist der größte „Dorfladen" Finnlands mit jährlich 6 Mio. Besuchern: *Tuuri kylä-kauppa (bei Ähtäri | www.tuuri.fi).* Aber vor allem gibt es nahezu alles auch on-line: *www.suomikauppa.fi*

BÜCHER & CDS

Schöne Andenken sind Musik-CDs und Fotobände sowie Comics von Mauri Kun-nas. Die *Akademische Buchhandlung (Pohjoisesesplandi 39)* in Helsinki führt deutsche Ausgaben finnischer Bücher.

DELIKATESSEN & KOSMETIKA

Gute kulinarische Mitbringsel sind Elchsa-lami, Rentierschinken, Räucherlachs und marinierter Fisch, außerdem Wein, Likör (alle Anbieter: *www.viinitilat.net*), Bee-renmarmeladen sowie Schokolade und Lakritz. Naturseifen mit ätherischen Ölen von *Aamumaa, Flowkosmetiikka* oder *Solavoima* sind gefragt. Saunafans finden Handtuch, Teershampoo, Kiefern-duft oder einen Haarschutz aus Filz. Prak-tisch und ein Hit im Land: der Xylitol-Kau-gummi, dessen Wirkstoff aus Birkensaft gewonnen wird. Er schmeckt süß und soll vor Karies schützen.

GLAS & KERAMIK

Die Porzellanmanufaktur *Arabia* und der Glasproduzent *Iittala* gehören mit ihren klaren Formen zum Urgestein fin-nischer Ästhetik. Ihre Produkte sind in jedem Kaufhaus und oft im Second-handshop zu finden. Ein weiterer großer Name ist *Pentik* aus Posio. Extravagan-te Ideen verkauft *Tonfisk (www.tonfisk-design.fi)* in Turku. Und für **INSIDER TIPP** *Ceramics Studio Tundra (Vuotungin-tie 152 | www.tundra.fi)* in Kuusamo ent-wirft Jarmo Pitkänen Tafelgeschirr, das er gleich im Studiorestaurant verwen-det. Ein Specksteinkachelofen von *Tuli-kivi (www.tulikivishop.com)* passt sicher nicht ins Gepäck, aber vielleicht ein Ker-zenständer?

HOLZ

Typisch finnisch sind polierte Schalen und Tassen aus Birkenholz, Holzbesteck

Nordisch by nature: Elchsalami, Trollmützen, Designerstücke aus Glas oder Handwerk aus Birkenholz sind typisch finnische Souvenirs

oder Tierskulpturen eines Motorsägenkünstlers. Aus Birkenbast werden schöne Körbe geflochten und Saunalampen mit Scherenschnittmotiven hergestellt. Eine Auswahl an *Aarikka*-Holzschmuck und -deko führt fast jedes Kaufhaus. Möbel aus geformtem Holz gibt es bei *Artek* *(www.artek.fi).*

LAPPLAND-SOUVENIRS

Originalarbeiten der *sámi* tragen das *Sami-duodji*-Zeichen. Rentierfelle, Stiefel, Gürtel und Taschen aus Leder sind typische Mitbringsel aus Lappland, ebenso Schmuck aus Rentiergeweih und Silber *(www.usvalintu.com, www.mtasarviseppa.com).* Handtaschen gibt es bei *www.sagat.fi.*

METALL & SCHMUCK

Über eine Milliarde Scheren mit orangenem Griff hat *Fiskars* verkauft. Handgefertigte Messer mit Holzgriff ver-

kaufen Meisterschmieden wie *www. kauhavanpuukkopaja.fi* und *www. mvforge.fi.* Modernes Metalldesign von *Eero Hyrkäs* gibt es im Museumszentrum Vapriikki in Tampere. Metallschmuck fertigt *www.nikamadesign.fi.*

TEXTILES

Marimekko (Kämp-Galerie | Pohjoisesplanadi 33 | Helsinki) macht nicht nur Mode, sondern versieht auch Dinge wie Topflappen oder Regenschirme mit einem Mix aus großformatigen Mustern und knalligen Farben. Ebenfalls im Design District von Helsinki zu finden sind Annikki Karvinen, Samuji, Ivana und Schuhdesignerin Minna Parikka. Warm, schön und haltbar sind Handschuhe und Mützen aus Filz *(www feltfaction.fi),* edel bzw. originell die Filzmode von *www.papiina.com* und *www.sipuseiska.fi.* Tradition haben handgewebte Teppiche, Leinenhandtücher, Pullover, Pelze aus heimischer Zucht und Klöppelspitze aus Rauma.

HELSINKI UND SÜDKÜSTE

Die Südküste ist wie ein Spiegel für die Geschichte und das politische Selbstverständnis Finnlands. Denn die Hauptstadt Helsinki, ein finnisches St. Petersburg im Kleinformat, teilt die Küste nahezu mittig in einen westlichen und einen östlichen Teil.

Auch heute noch ist der Einfluss der Nachbarländer zu spüren und bereichert das kulturelle Leben im Süden Finnlands. Entlang der alten Postroute von Stockholm nach St. Petersburg, dem Königsweg *Kuninkaantie,* reihen sich Kirchen und Festungsruinen, schmucke Herrenhäuser, historische Eisenhütten und Hafenstädte als Zeugen der bewegten Geschichte. Die Häfen sind das Tor zur Welt, im Sommer tummeln sich Segelboote, Yachten, Fischerboote und Lastkähne zwischen den unzähligen Schären im Finnischen Meerbusen, im Winter sichert die finnische Eisbrecherflotte den Verkehr. Zentrum der Südküste ist Helsinki: Mit den Städten Espoo und Vantaa bildet es einen Ballungsraum von 1,3 Mio. Menschen.

HELSINKI

KARTE IM HINTEREN UMSCHLAG
(134 C5) (ⁿ E14) Die finnische Hauptstadt Helsinki (620 700 Ew.) ist eine kleine, quicklebendige Weltmetropole. Sie verströmt bei aller großstädtischen Geschäftigkeit finnische Ruhe und freundliche Gelassenheit.
Die Kernstadt, ein architektonisches Schmuckstück vergangener Stilepochen,

Bild: Der Dom von Helsinki

Eine Perle der Ostsee: Helsinki, das finnische St. Petersburg, ist für Besucher das Tor nach Finnland und für die Finnen das Tor zur Welt

CITY WOHIN ZUERST?
Kauppatori (U D4) (🗺 d4):
Der Marktplatz liegt direkt am Südhafen. Hafenrundfahrten und Fähren nach Suomenlinna starten hier. Zum Bahnhof bringt Sie Straßenbahn 2 Nordenskiöldinkatu (umgekehrte Richtung: Kaivopuisto). Parkhäuser sind Tähtitornivuori und Kasarmitori, andere mit „P" und Pfeil ausgeschildert.

ruht auf Halbinseln aus Granit direkt am Meer. Bei der Anfahrt per Schiff sehen Sie den weißen Dom und die goldenen Kuppeln der Uspenski-Kathedrale, wenn Sie an der Festung Suomenlinna vorbei in den Südhafen einlaufen, wo auf dem Marktplatz Fisch, Gemüse, Souvenirs und Spezialitäten angeboten werden. Die Prachtstraße Esplanadi führt von hier ins Zentrum und ist Treffpunkt und Flaniermeile. Eisstände verkaufen Riesenkugeln, Edelgeschäfte die Trends der Welt, Cafés servieren Beerenkuchen.

Ob Straßenmusiker, Geschäftsfrau, Tourist, Hafenarbeiter oder Familien, bei Sonnenschein genießen alle die leichte, südländisch gewürzte Atmosphäre.

Eine besondere Note erhält die Stadt durch klassizistische Prunkfassaden aus dem 19. Jh. und durch mehr als 600 Jugendstilgebäude in den Vierteln *Eira, Katajanokka, Ullanlinna* und *Kruununhaka*.

rien ist von anspruchsvoller Klassik über Rock bis zu modernem Tanz und Stand-up-Comedy in der Welt-Designhauptstadt von 2012 alles dabei. Das Nachtleben ist bunt, die Szene überschaubar und dadurch angenehm familiär.

Alle wichtigen Sehenswürdigkeiten erreichen Sie zu Fuß, per Fahrrad oder mit der Straßenbahn (2 u. 3) – heiß geliebtes

Eine besondere Atmosphäre herrscht in der archaischen Felsenkirche

Funktionalistische Bauten stammen aus den 1930er-Jahren. Die Stadt ist seit jeher Bühne für die Avantgarde finnischer Künstler, Designer und Architekten, die in jüngster Zeit topmoderne Wohnviertel für alte Hafen- und Industrieflächen entwerfen. Im Designviertel *Arabianranta* am Ufer der Viikki-Bucht hat die Zukunft finnischen Wohnens bereits begonnen. In den Stadtteilen *Kalasatama, Ruoholahti* und auf *Laajasalo* entsteht die Wohnkultur von morgen. Die Holzhausviertel in *Vallilla* und *Käpylä* haben Seltenheitswert, das Arbeiterviertel *Kallio* ist hip, hier arrangieren sich kulturelle Extreme. Neben Designshops und Kunstgale-

Kulturgut der Stadt. Leicht gelingt auch der Wechsel von der Stadt in die Natur. Helsinki, die schöne „Tochter der Ostsee", ist gesegnet mit Sandstränden und küstennahen Inseln, landeinwärts lockt eine gepflegte Kulturlandschaft zu Ausflügen.

SEHENSWERTES

ATENEUM (U C4) (⚹ c4)

Das älteste Kunstmuseum Finnlands logiert stilvoll in einem prachtvollen Neo-renaissance-Gebäude von 1887 und präsentiert die größte Kunstsammlung finnischer Klassiker vom 19. Jh. bis in die 1960er-Jahre. *Di/Fr 10–18, Mi/Do 10–20,*

Sa/So 10–17 Uhr | 13 Euro | Kaivokatu 2 | am Bahnhofsplatz | www.ateneum.fi

BRUNNENPARK (KAIVOPUISTO) 🌿
(U D–E6) (*m d–e6*)

Der große Park am Botschaftsviertel im Südosten der Stadt wurde 1830 für ein Kurbad angelegt. Von den Felsen an der Ursa-Sternwarte genießen Sie eine schöne Aussicht auf Inseln und Yachthäfen. Das Clubrestaurant *Kaivohuone* ist im Sommer Topadresse für elegante Nachtschwärmer. Auf der Strandpromenade *Merisatamaranta* trifft man sich zum Eisessen, Chillen oder Teppichwaschen am **INSIDER TIPP** *Mattolaituri* (€€).

ESPLANADI ⭐ (U C–D4) (*m c–d4*)

An der grünen Flaniermeile zwischen den Prunkfassaden der Haupteinkaufsstraßen *Pohjois-* und *Etelä-Esplanadi* finden Sie edle Geschäfte, Hotel Kämp, Cafés und Sitzbänke. Am Ostende steht die Bronzestatue *Havis Amanda,* 1908 geschaffen von Ville Valgren. Die nackte Maid ist ein Symbol für die Stadt und war bei ihrer Enthüllung arg umstritten. Heute erhält sie jährlich am 1. Mai eine Studentenmütze.

FELSENKIRCHE (TEMPPELIAUKION KIRKKO) ⬤ (U B3) (*m b3*)

Die unterirdische Kirche von 1969 wurde nach einem Entwurf der Architektenbrüder Timo und Tuomo Suomalainen in den Granitgrund gesprengt. Felswände tragen eine riesige Kuppel aus Kupfersträngen und Glas. Am eindrücklichsten erleben Sie den Raum bei einem Konzert oder Gottesdienst. *Mo–Fr 9.30–17 Uhr, Sa/So unregelmäßig | Eintritt frei | Lutherinkatu 3 | Töölö*

FINLANDIA-HALLE (FINLANDIATALO)
(U B3) (*m b3*)

Das Kongress- und Konzerthaus wurde 1971 fertiggestellt und ist bis ins letzte Detail das Werk des Architekten Alvar Aalto. Die Silhouette aus weißem Carrara-Marmor erstrahlt am Südufer der Töölöbucht

---

⭐ **Esplanadi**
Die Prachtstraße Helsinkis, eine Flaniermeile mit vielen Geschäften und Cafés → S. 35

⭐ **Seurasaari**
Auf der Insel findet alljährlich das größte Mittsommerfest Finnlands statt. Weitere Attraktion ist das tolle Freilichtmuseum → S. 36

⭐ **Senatsplatz (Senaatintori)**
Erhabener Klassizismus mit Dom am Senatsplatz in Helsinki → S. 37

⭐ **Suomenlinna**
Die Schwedenburg vor Helsinki zählt zum Weltkulturerbe → S. 38

⭐ **Design District**
Das Kreativherz Helsinkis: Auf den 25 Straßen werden Klassiker und Newcomer des finnischen Designs gehandelt → S. 40

⭐ **Marktplatz (Kauppatori)**
Der beste Ort für eine erste intensive Begegnung mit Helsinki → S. 41

⭐ **Porvoo**
Mittelalterliches Holzstädtchen aus dem 14. Jh., malerisch am Flussufer gelegen → S. 45

⭐ **Eisenhüttendorf Fiskars**
Kunst, Design und Handwerk im historischen Dorf bei Pohja → S. 48

MARCO POLO HIGHLIGHTS

und gilt als ein Wahrzeichen Helsinkis. *Besichtigung (nur mit Führung) unregelmäßig immer 14 Uhr | 12,50 Euro | Mannerheimintie 13e | www.finlandiatalo.fi*

HAUPTBAHNHOF (PÄÄRAUTATIEASEMA) (U C3) (*⌘ c3*)

Seit 1919 steht das imposante und stilistisch eigenwillige Gebäude von Eliel Saarinen im Zentrum des öffentlichen Nah- und Fernverkehrs. Berühmt sind die vier Männerskulpturen an der Hauptfassade, die Lampen in Form einer Weltkugel in ihren Händen tragen. *Kaivokatu*

INSELN (O)

Wenn Sie der Großstadt entfliehen wollen, ist eine Insel immer erreichbar. Hier finden Sie Ruhe, Badestrände, Spazierwege und gepflegte Sommerrestaurants. Die populärste Insel (5 km nordwestlich des Zentrums) ist ⭐ *Seurasaari*. Eine Holzbrücke verbindet sie mit dem Festland. Hauptattraktion ist das *Freilichtmuseum (Juni–Aug. tgl. 11–17 Uhr | 8 Euro | Bus 24 vom Zentrum)*. Hier stehen historische Gebäude aus allen Teilen Finnlands, darunter alte Bauernhäuser und ein Holzkirchlein. Häufig finden auf Seurasaari Konzerte und Feste statt. Am Wochenende nach dem 21. Juni wird das Mittsommerfest mit Tanz, Musik und dem größten 🔵 *Johannisfeuer* Helsinkis gefeiert. Das edle Inselrestaurant *Särkänlinna (So geschl. | Boot ab Café Ursula | Tel. 09 61 28 55 50 | €€€)* auf der Insel *Särkkä* bietet Festungsatmosphäre. Das trendige **INSIDER TIPP** *Skiffer (Juni–Aug. tgl. | Boot ab Merisatama | Tel. 045 1 86 89 33 | €–€€)* auf *Liuskaluoto* lockt mit maritimer Atmosphäre.

KIASMA (MUSEUM FÜR MODERNE KUNST) (U C3) (*⌘ c3*)

Der Name Kiasma (Kreuzung) spielt auf die futuristische Architektur des Museums mit seiner runden Alu-Glas-Konstruktion an. Das Haus zeigt Gegenwartskunst hauptsächlich finnischer und skandinavischer Künstler. *Di 10–17, Mi–Fr 10–20.30, Sa/So 10–18 Uhr | 10 Euro, unter 18 Jahren ist der Eintritt frei | Mannerheiminaukio 2*

KRUUNUNHAKA (U D–E3) (*⌘ d–e3*)

Das älteste Viertel der Stadt hinter dem Dom begeistert durch Jugendstilgebäude, auch das älteste Holzhaus, das *Ruiskumestarin talo (Kristianinkatu 12)* von 1818 steht hier. Vom Ostufer erreichen Sie die Teerinsel mit dem Räucherrestaurant *Savu (tgl. | Tervasaarenkannas 3 | Tel. 09 74 25 55 74 | €€)* und Sie sehen die finnische Eisbrecherflotte.

NATIONALMUSEUM (KANSALLISMUSEO) (U B3) (*⌘ b3*)

Den Kuppelsaal des nationalromantischen Granitgebäudes von 1916 zieren Fresken des Malers Akseli Gallen-Kallela

mit Motiven aus dem Nationalepos Kalevala. Ausgestellt ist finnische Geschichte von der Steinzeit bis heute. *Di–So 11–18 Uhr | 9 Euro | Mannerheimintie 34*

OBSERVATORIUM (HELSINGIN OBSERVATORIO) (U D5) (*m d5*)

Das von Carl Ludvig Engel erbaute Haus (1834) mit Park ist öffentlich zugänglich. Ausstellungen u. a. zu Astronomie, Sonnensystem, Universum und Sternen. *Di/Mi u. Fr/Sa 12–16, Do 12–20 Uhr | 6 Euro | Kopernikuksentie 1 | www.observatorio.fi*

PARLAMENT (EDUSKUNTATALO) (U B3) (*m b3*)

Plenarsitzungen in dem wuchtigen Gebäude von 1931 sind öffentlich. Eine weiße Marmortreppe verbindet die fünf Stockwerke. Führungen in Englisch gibt es mit Voranmeldung. *Mannerheimintie | bei Redaktionsschluss wg. Renovierung geschl. | Tel. 0 94 32 20 27 | www.eduskanta.fi*

SENATSPLATZ (SENAATINTORI) ★ (U D4) (*m d4*)

Der Platz gilt als eines der schönsten Beispiele für neoklassizistischen Baustil überhaupt. Zar Alexander I. ließ das Regierungsviertel seiner neuen finnischen Hauptstadt nach Entwürfen des deutschen Architekten C. L. Engel erbauen (1816–52). Eine mächtige Freitreppe führt zur alles überragenden, weißen Domkirche *Tuomiokirkko* von 1852 hinauf *(tgl. 9–18, Juni–Aug. bis 24 Uhr)*. Von der *Domterrasse* haben Sie einen wunderbaren Blick auf den Platz mit Regierungspalais, Universität und der Statue von Alexander II.

SIBELIUSDENKMAL (U A2) (*m a2*)

Die Skulptur zur Ehrung von Jean Sibelius *(am Nordende der Mechelininkatu)* war bei ihrer Enthüllung 1967 umstritten. Die Bildhauerin Eila Hiltunen musste eine Büste des Komponisten nachliefern. Heute ist die „Orgel aus Stahlrohren" im

Chiasma (Kreuzung): Der Name ist Programm im Kiasma, dem Museum für Moderne Kunst

Sibeliuspark die meistfotografierte der rund 400 Skulpturen Helsinkis. Unbedingt nebenan am Töölöufer die Pulla im ● **INSIDER TIPP** *Café Regatta (tgl. | Merikannontie 8 | Tel. 0400 76 00 49 | €)* probieren. Hier zahlen Sie nur die erste Tasse

Eintritt frei | Aleksanterinkatu 16 | www. helsinkicitymuseum.fi

SUOMENLINNA ★ (0)

Nur 15 Min. mit der Fähre, und Sie erreichen die Festungsinseln von Suomen-

Weltkulturerbe: Die Festungsinsel Suomenlinna ist bis heute bewohnt

Kaffee. Für jede weitere gibt es 5 Cent zurück. Und wer grillen möchte, kann sich seine Würstchen mitbringen.

STADTMUSEUM (KAUPUNGINMUSEO)
(U D4) (*d4*)
Hier erfahren Sie alles über die Geschichte Helsinkis. Zu den neun Zweigstellen gehören u. a. das *Sederholmhaus (Aleksanterinkatu 18)*, das älteste Steingebäude der Stadt aus dem Jahr 1757, und *Villa Hakasalmi (Mannerheimintie 13b)* an der Töölöbucht. *Hauptmuseum: Mo–Mi/Fr 9–17, Do 9–19, Sa/So 11–17 Uhr |*

linna, der „finnischen Burg". Ein Bollwerk gegen Russland sollte die Anlage sein – doch vergebens. 1809 fiel Finnland an Russland, aus der Festung wurde eine russische Garnisonsstadt. Heute gehört sie zum Weltkulturerbe und ist bewohnter Stadtteil, Naherholungsgebiet und Ausflugsziel zugleich. Es gibt Restaurants, Cafés, ein U-Boot, drei Galerien, verschlungene Pfade und Picknickplätze. Ein Besucherzentrum und sechs Museen informieren über die Geschichte *(Mai–Sept. tgl. 10–18, Okt.–April 10.30–16.30 Uhr | 6 Euro)*. Überfahrt mit HKL-

Fähre (Nahverkehrsticket ist gültig) ab Kauppatori, Fahrzeiten: 3-mal stdl.

USPENSKI-KATHEDRALE (USPENSKIN KATEDRAALI) (U E4) (𝄚 e4)

Umgeben von Jugendstilgebäuden und Hafenanlagen steht die größte orthodoxe Kirche Westeuropas (1868) im Stadtteil *Katajanokka*. Mit ihren goldenen Kuppeln erinnert sie an den russischen Einfluss auf die Geschichte und Gegenwart des Landes. *Di–Fr 9.30–16, Sa 10–15, So 12–15 Uhr | Kanavakatu 1*

ESSEN & TRINKEN

ATELJÉ FINNE (U B3) (𝄚 b3)

Im ehemaligen Atelier des Bildhauers Jalmari Finne werden heute delikate Fleisch- und Fischgerichte der neuen finnischen Küche serviert. Gute Auswahl an offenen Weinen. Spezialität: Lakritz-Crème-brûlée. *So geschl. | Arkadiankatu 14 | Tel. 01 02 818 42 (*) | €€–€€€*

INSIDER TIPP ▶ BLINIT (U C1) (𝄚 c1)

Genau wie in St. Petersburg: gefüllte Pfannkuchen und russische Küche im Schnellgang. Lecker, günstig und mit Sättigungsgarantie. *Mo geschl. | Sturenkatu 9 | Tel. 0400 90 96 03 | €*

CAFÉ EKBERG (U C5) (𝄚 c5)

Seit 1852 produziert der schwedische Familienbetrieb Brot und Kuchen in eigener Bäckerei. Das Frühstücksbüffet *(tgl.)* ist eine Attraktion, die Einrichtung nostalgisch und gemütlich. *Tgl. | Bulevardi 9*

CAFÉ URSULA ☘ (U D4) (𝄚 d4)

Unterm Sonnensegel übers Wasser schauen: Das Ursula ist ein Ufercafé mit langer Tradition am *Kaivopuisto*. Gutes Mittagsbüffet, Blick auf Suomenlinna, große Terrasse mit Segeldach. *Tgl. | Ehrenströmintie 3 | www.ursula.fi*

ESPLANAD (U C4) (𝄚 c4)

Wer Schaulaufen liebt, ist hier richtig: Die beliebte Terrasse an den Esplanaden ist eine Bühne für Kaffeehausbesucher. Immer voll und auch allein gemütlich. *Tgl. | Pohjoisesplanadi 37*

FAFA (U C5) (𝄚 c5)

Beliebter Szenestopp für würzige Falafel- und Huhngerichte im Pitabrot. Bei Andrang: ein Bier im Pub gegenüber bestellen. *Tgl. | Iso Robertinkatu 2 | Tel. 040 2 41 57 19 | €*

JUURI ☘ (U D5) (𝄚 d5)

Haben Sie schon einmal *sapas* probiert? Die finnische Variante der Tapas ist aus regionalen Zutaten hergestellt – wie viele andere Gerichte auch. Juuri bedeutet „Wurzel" – zurück zu den finnischen Wurzeln, das ist das Konzept. Der angeschlossene Laden verkauft u. a. Käse, Wurst, Gemüse und handgemachte Produkte aus der Region. *Tgl. | Korkeavuorenkatu 27 | Tel. 09 63 57 32 | www.juuri.fi | €€*

LOW BUDGET

Ein Tagesticket für den Nahverkehr lohnt sich: 1 Tag kostet 8 Euro, 7 Tage kosten 32 Euro. Die Stadtrundfahrt mit der Straßenbahnlinie 2 u. 3 ist die billigste Stadtrundfahrt.

Wer früh online bucht, kann mit *Onnibus* (www.onnibus.com) schon ab 2 Euro von Stadt zu Stadt fahren.

Beim Essen sparen – mit dem Gutscheinbuch *Eat Helsinki*, erhältlich für 34 Euro bei *Suomalainen kirjakauppa (Aleksanterinkatu 23)* in Helsinki. Die zweite Person speist umsonst.

KARLJOHAN (U C4) (ⵌ c4)

Beliebt wegen der leichten französisch-finnischen Küche. Spezialität: „Vorschmack" (Leibgericht von Nationalheld Marshall Mannerheim) aus Hack, Hering und Zwiebel zu Crème fraîche. *So geschl. | Yrjönkatu 21 | Tel. 0 96 12 11 21 | www.ravintolakarljohan.fi | €€–€€€*

KONSTAN MÖLJA (U B5) (ⵌ b5)

Finnische Gerichte, mit Herz zubereitet von einem freundlichen Paar, das sich aufs Abschmecken und Anrichten versteht. *So u. Juli geschl. | Hietalahdenkatu 14 | Tel. 0 96 94 75 04 | €€*

SAVOY ☄ ☺ (U D4) (ⵌ d4)

Das Dachrestaurant ist berühmt für den spektakulären Blick über Helsinki und für die Einrichtung von Alvar und Aino Aalto (seit 1937 unverändert). Das Haus zählt zu den besten Restaurants der Welt und steht für Eleganz sowie hohe Kochkunst mit Tradition. Mit eigenem Kräutergarten auf dem Dach! *So geschl. | Eteläesplanadi 14 | Tel. 0 96 12 85 30 0 | www.ravintolasavoy.fi | €€€*

SPIS (U D5) (ⵌ d5)

Das winzige Restaurant (18 Pl.) im Zentrum ist ganz groß, was nordischen Geschmack, phantasievolle Zubereitung, Weine und Service angeht. *So/Mo u. Juli geschl. | Kasarmikatu 26 | Tel. 04 53 05 12 11 | spis.fi | €€€*

INSIDER TIPP ▶ WELLAMO (U E4) (ⵌ e4)

Ein Kleinod im Jugendstilviertel Katajanokka. Charmante Atmosphäre, leckere, traditionelle Gerichte und faire Preise. *Mo geschl. | Vyökatu 9 | Tel. 0 96 66 31 39 | www.wellamo.fi | €–€€*

ZUCCHINI (U D4) (ⵌ d4)

Für Vegetarier bietet sich dieses kleine, gemütliche Mittagsrestaurant mit wechselndem, kreativem Menü an. *Sa/So geschl. | Fabianinkatu 4 | Tel. 0 96 22 29 07 | €*

EINKAUFEN

In Helsinki wird jeder fündig, vor allem bei ● *Stockmann* (U C4) (ⵌ c4) (Aleksanterinkatu 52), dem größten und ältesten Warenhaus der Stadt. Das 1862 gegründete Haus ist eine Institution und hält alles für den stilbewussten Stadtmenschen bereit.

Dank vieler Passagen ist Shopping selbst im finnischen Winter oder bei Regen angenehm: Zentral und topmodern ist der Glaskomplex *Kamppi-Center* (U B–C4) (ⵌ b–c4), der mit dem *Forum (Mannerheimintie 20)* verbunden ist zu 250 Boutiquen, Lokalen und Geschäften. Edel und exklusiv ist die *Galleria Esplanad* (U D4) (ⵌ d4) (Pohjoisesplanadi 33).

Beliebt sind u. a. die Musikläden am *Viisikulma*-Platz, der Schuhladen *Kenkäfriikki* (U D4) (ⵌ d4) (Kluuvikatu 3) oder das *Antiquariat Hagelstam* (U C5) (ⵌ c5) (Frederikinkatu 35). Ein Mekka für Leseratten ist die *Akademische Buchhandlung* (U C4) (ⵌ c4) (Pohjoisesplanadi 39), gestylt im Alvar-Aalto-Design.

Das superkleine *Kaartin Kotikauppa* (U D5) (ⵌ d5) (Korkeavuorenkatu 19) bietet Lebensmittel und Finnisches an.

DESIGN DISTRICT ★
(U B–D 4–5) (ⵌ b–d 4–5)

Ein schwarzer Kreis im weißen Viereck ist das Symbol für den Zusammenschluss von 190 Designern, Künstlern und Unternehmern mit Begeisterung für kreative Gestaltung. Die kleinen Boutiquen, Schmuckateliers, Möbeldesigner und Recyclingkunstläden mit diesem Aufkleber im Schaufenster finden Sie vor allem in *Punavuori* und in *Erottaja*. *www.designdistrict.fi*

MÄRKTE

Der ⭐ *Kauppatori* (U D4) (🗺 *d4*) samt Markthalle am Südhafen ist der größte und populärste Markt in Helsinki (klasse: die INSIDER TIPP▶ Suppenküche *soppakeittiö*). Der *Hakaniementori* (U D2) (🗺 *d2*) *(bei Redaktionsschluss wg. Renovierungsarbeiten geschl.)* mit zweistöckiger Markthalle ist eine Fundgrube für Delikatessen, Mitbringsel und *Kahvi & Pulla*. Das alte Schlachthaus *Teurastamo* (0) (*www.teurastamo.com*) erwacht mit Nudelfabrik, Stadtgarten, Brauerei, Restaurants und Veranstaltungen rund ums Essen zu neuem Leben. Vor der Markthalle am *Hietalahdentori* (U B5) (🗺 *b5*) findet im Sommer ein großer Flohmarkt *(tgl.)* statt.

FREIZEIT & SPORT

BADEN

Helsinki hat etliche Badestrände. Der größte, *Hietaranta* (0), liegt stadtnah in Etu-Töölö. Naturnäher baden Sie in *Kallahti* oder *Laajasalo*. Die Fahrt zur beliebten Badeinsel *Pihlajasaari* (0) mit Café, Grillplätzen und FKK-Zone dauert 20 Min. ab Café Carusel. Im klassizistischen Hallenbad *Yrjönkadun Uimahalli* (U C4) (🗺 *c4*) *(Männer Di/Do 6.30–20, Sa 8–20 Uhr; Frauen So/Mo 12–20, Mi/Fr 6.30–20 Uhr | 5–14 Euro | Yrjönkatu 21b | Tel. 09 31 08 74 01)* schwimmen Sie erhaben mit oder ohne Badeanzug.

RADFAHREN

Die *Outdoorkarte* (*www.ulkoilukartta.fi*) und die Website *pk.reittiopas.fi/en* helfen bei Ausflügen im Großraum Helsinki. Räder verleihen u. a. *Greenbike* (U C5) (🗺 *c5*) *(Bulevardi 32 | www.greenbike.fi)* und *Bicyclean* (U E4) (🗺 *e4*) *(Luotsikatu 14 | www.bicycleanhelsinki.com)*.

WASSERSPORT

Mietkajaks und Kanutouren in die Schären bietet *Natura Viva Vuosaari (Tel.*

Auf dem Kauppatori wird frische Ware direkt am Hafen angeboten

Edel: das Helsinki Day Spa

0102 92 40 30 (*) | www.naturaviva.fi). Segelausflüge veranstaltet z. B. *Fishing Lords* (www.fishinginhelsinki.com/helsinki-sailing-trips).

WELLNESS

Die holzgeheizte *Kotiharju-Sauna* (U D–E1) (🗺 d–e1) (Di–Sa 14–20 Uhr | 12 Euro | Harjutorinkatu 1 | Tel. 0 97 53 15 35 | www.kotiharjunsauna.fi) im Stadtteil Kallio bekommt Konkurrenz. Der neue Saunakomplex **INSIDER TIPP** *Hernesaaren Löyly* (O) (tgl., Sauna ab 13 Uhr | 19 Euro/Pers. | Hernesaarenranta | www.loylyhelsinki.fi) im modernen Holzgebäude hat Zugang zum Meer, das Angebot umfasst Rauch- und Holzsauna sowie ein 🌿 Restaurant (€€) mit Meerblick. Gut und elegant ist das *Helsinki Day Spa* (U C4) (🗺 c4) (Erottaja 4 | Tel. 0 96 85 06 30 | www.dayspa.fi) u. a. mit Aromatherapie.

AM ABEND

KULTUR

Den neuen Konzertsaal *Musiikkitalo* (U C3) (🗺 c3) (www.musiikkitalo.fi) teilen sich *Philharmoniker, Sinfonieorchester* und die *Sibelius-Akademie.* Das *Opernhaus* (U B2) (🗺 b2) (oopperabaletti.fi) bietet auch Ballett und modernen Tanz. Zehn größere Theater inszenieren Klassiker und Gegenwartsstücke. *Korjaamo* (www.korjaamo.fi) und *Kabelfabrik* (www.kaapelitehdas.fi) sind breit aufgestellte Kulturzentren. Das **INSIDER TIPP** *Aino-Ackté-Festival* (Juni–Sept. | 15 Euro | www.acktefestival.fi) ist vielfältig, erstklassig und non-profit. Ein guter Start in einen schwungvollen Sommerabend ist eine Musik-Stadtführung mit *City-Tunes* (Mai–Sept., 2 Std. | 45 Euro/Pers. | www.city-tunes.com).

NACHTLEBEN

Im Viertel Kallio (U C–D1) (🗺 c–d1) treffen sich junge Nachtschwärmer: Intellektuelle im *Rytmi (Toinen Linja 2)*, Clubpublikum im *Kuudes Linja (Hämeentie 13)*, Tanzbegeisterte im *Siltanen (Hämeentie 13b)*. Legendärer Rockclub ist *Tavastia* (U B4) (🗺 b4) (Urho Kekkosen katu 4–6). Im Zentrum (U D4) (🗺 d4) stehen tanzwütige Nostalgiker Schlange am *Kaarle XII (Kasarmikatu 40)*. Im *Jazzclub Storyville* (U B3) (🗺 b3) (Museokatu 8) wird Livemusik gespielt, und nebenan stillt *Manala (Dagmarinkatu 2)* den Hunger bis 4 Uhr. Im Szeneviertel Punavuori (U B–C 4–5) (🗺 b–c 4–5) sind die Bars *We got Beef (Iso Robertinkatu 21)* und *Kokomo Tikibar (Uudenmaankatu 16–20)* angesagt, *Liberty or Death (Erottajankatu 5)* mixt geniale Cocktails und *Rymy-Eetu (Erottajankatu 15–17)* ist mit Tanz auf den Tischen sehr unfinnisch. *Pataässä* (U D3) (🗺 d3) (Snellmaninkatu 13) und *Restroom* (U C6) (🗺 c6)

(Tehtaankatu 23a) haben Karaoke-Sternstunden gemeinsam. Unbeobachtet singen Sie im ● *Karaoke-Taxi (www.karaoketaxi.fi | Tel. 0600 05 06 07 (*))*. Kultstatus hat der Barkomplex *Andorra* (U C4) (🗺 c4) *(Eerikinkatu 11 | andorra.fi)* mit *Corona Bar*, *Dubrovnik Lounge*, *Café Mockva* (Sowjetcharme) und *Andorra-Kino*.

TICKETS

Zentraler Ticketservice: *Lippupalvelu (Tel. 0600 108 00 (*) | www.lippupalvelu.fi)*.

ÜBERNACHTEN

Sollte dafür Zeit bleiben, hilft der Zimmernachweis im Hauptbahnhof weiter *(Tel. 09 22 88 14 00)*. Im Sommer gibt es zahlreiche Angebote. Billiger ist meistens die Buchung per Internet.

CAMPING RASTILA (0)

Zeltplatz in Vuosaari mit Hütten und voll ausgestatteten Ferienhäusern, Sommerhostel, Sauna mit Badestrand (im Winter Eisschwimmen), Fahrrad- und Kajakverleih. *Ganzjährig | Tel. 09 31 07 85 17 | www.rastilacamping.fi | €*

CITYKOTI-APARTMENTS (U B4) (🗺 b4)

Schon ab einem zweitägigen Aufenthalt lohnt sich die Unterkunft in einem der 90 komplett ausgestatteten Selbstversorger-Apartments. *Malminkatu 38 | Tel. 050 5 55 00 58 | www.citykoti.com | €–€€*

EUROHOSTEL (U F4) (🗺 f4)

Günstige, saubere und freundliche Unterkunft im Jugendherbergsstil mit Morgensauna in Katajanokka. *255 Betten | Linnankatu 9 | Tel. 0 96 22 04 70 | www.eurohostel.fi | €*

BÜCHER & FILME

Das Jahr des Hasen – Arto Paasilinna, ein Meister des skurrilen Humors, schildert in Büchern wie diesem den finnischen Mann zwischen Himmel, Natur und gesellschaftlicher Hölle

Wer ohne Schande ist – Auch in ihrem zwölften Fall ermittelt Kommissarin Maria Kallio wieder in den Abgründen der finnischen Gesellschaft. Die Krimireihe der Autorin Leena Lehtolainen hat längst Kultstatus erreicht

Saga. 35 Years of Photographs – In den Schwarzweißbildern des Fotografen Arno Rafael Minkkinen verschmelzen Körper und Landschaft zu einem Kunstwerk, das wahrlich nicht finnischer sein könnte

Der Mann ohne Vergangenheit – Ein Mann verliert sein Gedächtnis und fast sein Leben, das er sich stoisch und gewohnt wortkarg zurückerobert. Für diesen Film erhielt Aki Kaurismäki 2002 den großen Preis der Jury in Cannes

Kukuschka/Kuckuck – Meisterstück des Regisseurs Alexander Rogoschkin (2002). Ein Russe, ein Finne und eine samische Frau begegnen sich ohne gemeinsame Sprache im finnischen Lappland am Ende des Zweiten Weltkriegs

Joulutarina – Der Film (2007) von Juha Wuolijoki erklärt mit schönen Bildern aus Lappland, warum es zu Weihnachten Geschenke vom Weihnachtsmann gibt

GLO HOTEL ART (U B5) (🗺 b5)
Burgähnliches Jugendstilgebäude von 1903 im Design District. Stilvoll und modern eingerichtet. *171 Zi. | Lönnrotinkatu 29 | Tel. 01 03 44 41 00 (*) | www. glohotels.fi/hotellit/glo-hotel-art | €€*

HOSTEL ACADEMICA (0)
Moderne Jugendherberge in Etu-Töölö, alle Zimmer mit Dusche, WC und Miniküche, Morgensauna mit Pool, in der Nähe des Badestrands Hietaranta. *159 Betten | Hietaniemenkatu 14 | Tel. 09 13 11 43 34 | www.hostelacademica.fi | €–€€*

HOTEL BW KATAJANOKKA (U F4) (🗺 f4)
Ab ins Gefängnis – von 1832 bis 2002 war das hier ernst gemeint. Heute beziehen Gäste mit einem Augenzwinkern ihre bequemen „Zellen". *106 Zi. | Merikasarminkatu 1a | Tel. 09 68 64 50 | www. bwkatajanokka.fi | €€€*

HOTEL HELKA (U B4) (🗺 b4)
Stilvolle Einrichtung mit finnischen Designklassikern. Für die zentrale Lage ein gutes Preis-Leistungs-Verhältnis. *150 Zi. | Pohjoinen Rautatiekatu 23 | Tel. 09 613 58 0 | www.helka.fi | €€*

KÄMP (U D4) (🗺 d4)
Seit 1887 ein Hotelerlebnis der Luxusklasse. Wo früher Jean Sibelius komponierte, wohnen heute Stars wie Madonna oder Lady Gaga. Jeder Zentimeter ist getränkt mit finnischer Geschichte, Ruhm und Prunk. Entsprechend aufmerksam ist der Service. *164 Zi. | Pohjoisesplanadi 29 | Tel. 09 57 61 11 | www.hotelkamp.fi | €€€*

SOKOS HOTEL TORNI (U C4) (🗺 c4)
Das traditionsreiche Haus bietet komfortable Zimmer in drei Stilvarianten: Art déco, Jugendstil oder schlicht funktional. Die legendäre 🌟 🔴 *Atelierbar* im 14. Stock mischt gute Cocktails und hat – sorry, guys – die Damentoilette mit der besten Aussicht auf die Stadt. *152 Zi. | Yrjönkatu 26 | Tel. 02 01 23 46 04 (*) | www. sokoshotels.fi | €€€*

AUSKUNFT

Touristeninformation Helsinki (U D5) (🗺 d5) *(Pohjoisesplanadi 19 | Tel. 09 31 01 33 00 | www.visithelsinki.fi, www.hel.fi). Tipp:* Aktuelle Abfahrtszeiten, Haltestellen und Routenplanungen für den ÖNV gibt es auf *www.reittiopas.fi.*

ZIELE IN DER UMGEBUNG

ESPOO (134 B5) (🗺 E14)
Die zweitgrößte Stadt Finnlands (265 000 Ew.) liegt 16 km westlich zwischen Wäldern, Wiesen, Seen und Meer. Das *WeeGee-Kulturzentrum (Di/Do 11–18, Mi/Fr 11–19 (17–19 Uhr frei), Sa/So 11–17 Uhr | 12 Euro | Ahertajantie 5 | www. weegee.fi)* beherbergt u. a. das *Emma,* das größte Museum Finnlands für Moderne Kunst. Auch der *Nuuksio-Nationalpark* und das *Haltia-Naturzentrum (Nuuksiontie 84 | www.haltia.com)* gehören zu Espoo. Das Sommerrestaurant **INSIDER TIPP** ▶ *Gula Villan (im Sommer Mo geschl., im Sept. Mo–Fr geschl. | Iso Vasikkasaari | Tel. 0 98 88 26 00 | www.gulavillan.fi | Bus 132 ab Kamppi bis Nokkala, Info zu Fährbooten: short.travel/fin9 | €–€€)* verbreitet Insel-Charme.

HVITTRÄSK (134 A5) (🗺 D13)
Die 30 km entfernte Wohn- und Arbeitsstätte der finnischen Architekten Eliel Saarinen, Herman Gesellius und Armas Lindgrén ist ein schönes Jugendstilensemble (1902), umgeben von herrlicher Natur am Hvitträsk-See. Mit Restaurant und Café. *Mai–Sept. tgl. 11–17, sonst Di–So 11–17 | 6,50 Euro*

Der rote Ferrari parkt standesgemäß: Im Kämp trifft man viele Prominente

LAHTI (134 C4) (*E13*)

Die Stadt (103 600 Ew., 106 km entfernt) ist internationales Wintersportzentrum und Austragungsstätte vieler Skiwettkämpfe. Im Sommer wird die Großschanze zum Aussichtsturm umfunktioniert (*Juni–Aug. Mo–Fr 10–17, Sa/So 11–17 Uhr | 10 Euro, Skimuseum im Preis inbegriffen*). Lahti ist ein guter Ausgangsort für Schiffstouren über den Päijännesee bis nach Jyväskylä. Bevor Sie einschiffen, schauen Sie sich um: Am Hafen steht der berühmter Konzertsaal *Sibeliushalle* (*Mo–Fr 8–17 Uhr | Eintritt frei | Ankkurikatu 7 | www.sibeliustalo.fi),* ein imposantes Holzgebäude mit Glashülle.

Ein anderes Stück Finnland steht versteckt im *Kariniemi-Park:* Dort verwachsen zwölf großformatige INSIDER TIPP Skulpturen in Menschengestalt langsam mit der Natur. Geschaffen hat sie der Künstler Olavi Lanu. Seit vielen Jahren sind die Kunstwerke je nach Jahreszeit unter Blättern verborgen oder mit Eiszapfen behangen. Touristeninformation: *Lahti Region Ltd. (Aleksanterinkatu 18 | Tel. 02 07 28 17 50 (*) | www. lahtitravel.fi)*

PORVOO

(134 C5) (*E13*) ⭐ **Porvoo, die zweitälteste Stadt Finnlands (49 900 Ew.), liegt 50 km östlich von Helsinki. Holzhäuser drängen sich malerisch am Hang des Flusstals, rote Lagerhäuser säumen das Ufer und in den verwinkelten Hinterhöfen verstecken sich Museen, Cafés, Kunstgalerien und kleine Läden.**

Porvoo hat über Jahrhunderte zahlreiche bedeutende Kunstler Finnlands inspiriert. Bis heute hat sich hier eine Künstlerkolonie erhalten. Die Nähe zu Helsinki macht Porvoo zudem zum beliebtesten Ausflugsziel der Hauptstadtbesucher.

SEHENSWERTES

ALTSTADT UND DOM

Wie aus der Zeit gefallen wirkt die gut erhaltene Holzstadt aus dem 14. Jh. mit ihrem Kopfsteinpflaster und den verwunschenen Gärten. Auf dem Hügel thront die *Domkirche (Mai–Sept. Mo–Fr 10–18, Sa 10–14, So 14–17, Okt.–April Di– Sa 10–14, So 14–16 Uhr | Kirkkotori 1)* von 1418: Weiß gekalkte Steinwände stehen im Kontrast zum schwarzen Holzschindeldach und den Backsteinornamenten.

RUNEBERG-HAUSMUSEUM

Das Museum gibt Einblicke in den Familienalltag des finnischen Nationaldichters Johan Ludvig Runeberg (1804–1877). Zum Geburtstag des verehrten Poeten, dem 5. Februar, servieren die Cafés sowohl in Porvoo als auch im ganzen Land *Runeberg-Törtchen*, ein süßes Gebäck mit Mandeln und Himbeerkonfitüre. Der Legende nach soll der Dichter diese Leckerei täglich mit einem Glas Punsch gefrühstückt haben. *Mai–Sept. Mo–Sa 10–16, So 11–16, sonst Mi–So 12–16 Uhr | 8 Euro | Aleksanterinkatu 3*

ESSEN & TRINKEN

BISTRO SINNE

Im Bistro in der neuen Kunstfabrik kocht Kai Kallio, Ex-Chef im berühmten Savoy in Helsinki, sein eigenes, sehr delikates „Süppchen". *Tgl. | Läntinen Aleksanterinkatu 1 | Tel. 0103 22 81 40 (*) | €€*

CAFÉ CABRIOLE

Im Jugendstilhaus wird delikates Mittagsbüfett serviert. Und es gibt eine exzellente Kuchenauswahl. *So geschl. | Piispankatu 30 | Tel. 0195 23 28 00 | €*

FREDRIKAN LÄHDE

Vegetarischer Mittagstisch, Biobrot erwarten den Gast; und bei Bedarf gibt es sogar eine Massage *(40–60 Euro/Std.). Di–Fr 11–16 Uhr | Runeberginkatu 18 | Tel. 040 8 28 88 89 | €*

Porvoos historische Atmosphäre beim Kaffee in der Altstadt aufnehmen

ÜBERNACHTEN

B & B IDA-MARIA ☄

Gemütliche Unterkunft – himmlisch schlafen wie „in der Vergangenheit". Frühstücksraum mit Kachelofen und Blick auf den Markt. *4 Zi. | Välikatu 10a | Tel. 045 8 51 23 45 | www.ida-maria.fi | €€*

PARIISIN VILLE

Kleines, stilvoll eingerichtetes Altstadt-Hotel. Mittendrin, trotzdem ruhig gelegen. Mit Weinbar. Frühstück mit regionalen Zutaten; freundlicher Service. *10 Zi. | Jokikatu 43 | Tel. 050 3 81 05 11 | www. pariisinville.fi | €€€*

AUSKUNFT

TOURISTENINFORMATION PORVOO

Läntinen Aleksanterinkatu 1 | in der Kunstfabrik Taidetehdas | Tel. 044 89 98 01 | www.visitporvoo.fi; Mai–Aug. auch | Jokikatu 35b

ZIELE IN DER UMGEBUNG

KOTKA (135 D5) (𝄜 F13)

Im größten Exporthafen Finnlands (54 480 Ew., 82 km von Porvoo entfernt) dreht sich alles um Wasser, Seefahrt und Fisch. Hauptattraktion ist das *Maritime Centre Vellamo (Di/Do–So 11–18, Mi bis 20 Uhr | 8 Euro | Tornatorintie 99 | www.merikeskusvellamo.fi)*. Das moderne Gebäude in Form einer riesigen, silbrig glänzenden Welle beherbergt das Seefahrtsmuseum mit interaktiver und moderner Ausstellung. Sehenswert ist die kaiserliche Fischerhütte *Langinkoski (Juni–Aug. tgl. 10–18, Mai u. Sept. 10–16 Uhr | 6 Euro | Keisarinmajantie 118 | www.langinkoskimuseo.com)* (1889) am Kymijoki von Zar Alexander III. Speziell: das Waffeleisen in der Form des kaiserlichen Doppeladlers. Touristeninformation: *Kirkkokatu 6 | Tel. 040 1 35 65 88 | www.visitkotka.fi*

LOVIISA (134 C5) (𝄜 F13)

Die „Perle der Südostküste" (15 400 Ew., 38 km entfernt) ist eine alte Garnisonsstadt mit einem schönen, neoklassizistischen Stadtkern, zahlreichen Holzhäuschen aus dem 18. Jh. und einer wunderschönen Umgebung. Boote bringen Sie ab *Laivasilta* zur Festungsinsel *Svartholm*. Gut essen und schlafen können Sie im Hotel und Restaurant *Degerby (50 Zi. | Brandensteininkatu 17 | Tel. 01 95 05 61 | www.degerby.com | €€)*. Die älteste Eisenhütte Finnlands, *Strömforsin Ruukki,* liegt 15 km weiter östlich und ist heute ein Handwerkerdorf. Touristeninformation: *Karlskronabulevardi 8 | www. visitloviisa.fi*

RASEBORG

(134 B6) (𝄜 D14) **Aus drei mach eins: 2009 wurde die Stadt Tammisaari mit den Gemeinden Karis und Pohja zusammengelegt. So entstand Raseborg (28 600 Ew.) – benannt nach einer mittelalterlichen Burg.**

Ein mildes Klima, die vielfältige Schärenküste und die alte Holzstadt Tammisaari mit ihren gepflegten Parkanlagen machen Raseborg zu einer der beliebtesten Urlaubsregionen Finnlands.

SEHENSWERTES

BURG RASEBORG

Die imposante Burgruine auf einem Felsen bei Snappertuna ist einzigartig in der finnischen Architekturlandschaft und ein gutes Beispiel für die Landhebung. Bei ihrem Bau im 14. Jh. war die Burg noch von Meerwasser umgeben. *Mai–Aug. tgl., Sept. Sa/So 10–17 Uhr | 5 Euro*

EISENHÜTTENDORF FISKARS ⭐

In den historischen Gebäuden der Eisenhütte bei Pohja arbeiten heute Künstler und Handwerker. Sie verkaufen Designprodukte, Schmuck, Glas, Holzkunst, Seife, Leinenkleidung und scharfe Messer der Marke Fiskars. Es gibt Cafés, Restaurants, Ausstellungen, Museen und Rundgänge unter großen Parkbäumen (*Peltorivi 1 | www.fiskarsvillage.fi*). Übernachten können Sie im Hotel *Wärdshus (15 Zi. | Fiskarsintie 14 | Tel. 019 2 76 65 10 | www.wardshus.fi | €€).*

INSIDER TIPP ▶ MUSTION LINNA

Das Herrenhaus der Eisenhütte Svärt von 1792 ist eine sehenswerte Stilmischung aus Rokoko und Neoklassizismus mit wertvollen Parkettböden und gustavianischer Einrichtung. Das Gebäude selbst ist heute ein Museum mit prächtigen Parkanlagen. Auf der Anlage können Sie in charmant restaurierten Cottages auch übernachten und es gibt ein erstklassiges Restaurant. *So geschl. | Hållsnäsintie 89 | Mustio | Tel. 019 36 2 31 | www.mustionlinna.fi | €€–€€€*

POJOVIKEN FJORD

Der einzige Fjord Finnlands erstreckt sich über 15 km von Tammisaari bis Skuru. Weil das einströmende Süßwasser aus Bächen und Flüssen leichter ist als das salzhaltige Meerwasser, liegt das Wasser in zwei Schichten übereinander. Eine Besonderheit, die den Fjord zum Forschungs- und Natura-2000-Objekt macht. Auf dem 🌿 Bio-Bauernhof *Mörby Gård (Mörby Gårds Vägen 80 | Tel. 019 20 50 90 | www.morby.fi)* gibt es Biowürstchen, Gemüse und Getreideprodukte für ein Picknick.

TAMMISAARI

Tammisaari ist einer der ältesten Orte Finnlands. Seine Stadtrechte erhielt es 1546 von Schwedenkönig Gustav Vasa. Die Mehrheit der knapp 15 000 Ew. ist schwedischsprachig, weshalb der Ort auf vielen Karten auch als *Ekenäs* verzeichnet steht.

Mit seinen gut erhaltenen Holzhäuschen, gepflegten Parkanlagen und einer vielfältigen Schärenküste ist Ekenäs eine idyllische Sommerfrische und ein beliebtes Urlaubsziel. Dank der vorgelagerten Schären ist das Klima hier so mild, dass rund um die Kleinstadt sogar Eichen wachsen – in Finnland eine seltene Baumart. Schön ist die Altstadt, auf einer Halbinsel gelegen, in der sich Holzhäuschen mit reich verzierten Fassaden aneinanderreihen. Den besten Blick haben Sie vom alten 🌿 *Wasserturm* auf dem Mühlenhügel aus.

Südlich der Stadt liegt der *Tammisaari-Schärenmeer-Nationalpark*. Das Insellabyrinth, in dem im Frühjahr Tausende von Seevögeln brüten, erkunden Sie am besten auf einer geführten Bootstour mit INSIDER TIPP ▶ *Guide-Matti (max. 4 Pers. 70 Euro/Std. | www.guidematti.fi)*. Oder Sie schippern mit dem Restaurantschiff *M/S Sunnan II (ab Norra Hamnen | Tel. 019 2 411 8 50 | www.surfnet.fi/saaristoristeilyt)* los.

ESSEN & TRINKEN

CAFÉ GAMLA STAN

Leckerer Kuchen unterm Apfelbaum im Innenhof. *Mitte April–Anf. Sept. tgl. 11–19 Uhr | Saunakatu 5 | Tel. 050 5 56 16 65 | www.cafegamlastan.fi | €*

KNIPAN

Auf Pfählen im Meer vor Tammisaari arbeitet das beliebte Sommerrestaurant vor allem mit Fisch und Meeresfrüchte. *Mai–Aug. Mo–Do 11–15, Fr ab 11, Sa ab 12, So 12–16 Uhr | Strandallén | Tel. 019 24 11 69 | www.knipan.fi | €€€*

ÜBERNACHTEN

ALAPIHA
Drei kleine Ferienwohnungen in einem Jugendstilhaus in der Altstadt. Sorgfältig eingerichtet mit Antiquitäten und finnischem Design. *8 Betten | Gustav Wasas gata 3 | Tel. 040 715 04 48 | www.alapiha.fi | €€*

ZIEL IN DER UMGEBUNG

HANKO (134 A6) *(CO D14)*
Das gute Klima und 30 km feinsandiger Strand machen Hanko zur perfekten finnischen Sommerstadt. Schon in der Zarenzeit war der Ort beliebt – davon zeugen die prachtvollen Jugendstilholzvillen an der Uferpromenade. Eindrucks-

Hanko: Für den feinen Sand am Strand lohnt sich die Sommerreise

B & B SILLEN EKENÄS ☙
In der Backstube, dem Speicher oder im Haupthaus des „Heringsblocks" von 1890 wohnen Sie mit Blick auf den Hafen. Ferienwohnungen mit eigener Terrasse oder Garten. *2 x 3 Betten | Sadelmakaregatan 2 | Tel. 040 326 62 67 | www.sillenekenas.com | €€*

AUSKUNFT

TOURISTENINFORMATION RASEBORG
Rådhustorget | Tammisaari | Tel. 0192 89 20 10 | www.visitraseborg.com

voll sind die Steilfelsen der Insel *Hauensuoli* südlich des Zentrums: Seeleute und Soldaten ritzten dort jahrhundertelang Namen und Wappen ein. Besucher übernachten edel im Jugendstilhotel *Villa Maija (13 Zi. | Appelgrenintie 7 | Tel. 050 505 20 13 | www.villamaija.fi | €€)* oder cool in der alten Polizeistation *Hotel Bulevard (13 Zi. | Bulevardi 8 | Tel. 044 9 88 08 86 | hotelbulevard.fi | €€)*. Guten Fisch serviert *På Kroken (tgl. | Tiilitehtaantie 12 | Tel. 040 3 58 18 15 | €€–€€€)*. Touristeninformation: *Raatihuoneentori 5 | Tel. 0192 20 34 11 | tourism.hanko.fi*

WESTKÜSTE

Seit dem Ende der Eiszeit hebt sich an der Westküste, vom Gewicht der Eismassen befreit, beständig neues Land aus dem Meer. Die Buchten und Inselchen sind ein einzigartiger Lebensraum für Seevögel, Robben und Meerestiere – und ein beliebtes Urlaubsziel.

Kein Wunder, denn die Region punktet nicht nur mit den meisten Sonnenstunden Finnlands, sondern auch mit schönen Sandstränden, guten Fischrestaurants und viel Kultur. An der Westküste stehen die ältesten Städte Finnlands: Turku entstand im 13. Jh., Rauma und Naantali im 15. Jh., Pori im 16. Jh., und in den folgenden 100 Jahren kamen viele weitere Fischerdörfer und Hafenstädte hinzu, darunter altehrwürdige Orte wie Oulu, Vaasa und Uusikaupunki.

Das flache Küstenvorland ist die Kornkammer Finnlands, auch über 200 Biohöfe produzieren hier. Schwedische Bauernhäuser, Gutshöfe inmitten großer Felder, Wälder und große Flüsse prägen das Landschaftsbild.

ÅLAND-INSELN

(133 E5) (*B–C 13–14*) **Sie sind rein schwedischsprachig und gehören dennoch zu Finnland. Die** ⭐ **Åland-Inseln liegen zwischen den beiden nordischen Ländern im Bottnischen Meerbusen.** Sandstrände und Sunde, ein mildes Seeklima und sturmzersauste Küsten, eine

Per Fähre zur Schäre im Åland-Archipel, per pedes auf Spuren der Vergangenheit dagegen in den ältesten Städten des Landes

artenreiche Natur und das allgegenwärtige Wasser prägen die Landschaft der 6500 Inseln, auf denen es nur eine Stadt gibt: *Mariehamn* **(125 E5)** *(ⲙ B14)* (11 000 Ew.) wurde 1861 gegründet und verwandelt sich im Sommer in eine betriebsame kleine Vergnügungsmetropole. Dazu trägt auch der Fährverkehr bei, der die größten der 60 bewohnten Inseln miteinander verbindet – alljährlich kommen mehr als 1,5 Mio. Besucher nach Mariehamn, die meisten von ihnen sind Schweden.

Schwedisch ist auch die Amtssprache der Region. Der Völkerbund entschied 1921, dass Åland zwar zu Finnland gehört, seine Angelegenheiten aber selbst verwalten kann. Aus der jahrhundertelangen Zugehörigkeit zu Schweden ergab sich die vorherrschende Sprache. Als Zeichen seiner Autonomie hat Åland eine eigene Flagge und eigene Briefmarken. Seit 1854 ist die Region außerdem entmilitarisiert.

Besucher erreichen die Inselgruppe mit dem Flugzeug oder Schiff ab Helsinki,

Galionsfigur im Abendkleid, zu bestaunen im Seefahrtsmuseum

Turku, Stockholm und Tallinn. Schiffsreisen können Sie bei den Reedereien *Eckerö Linjen, Tallink Silja* oder *Viking Line* buchen. Alternativ können Sie mit Nahverkehrsfähren eine Nordroute ab Ösnäs wählen oder auf einer Südroute ab Galtby anreisen. Autos müssen Sie vorab bei den Fährbetrieben telefonisch anmelden: *Mo–Fr 9–17 Uhr | Tel. 0 18 52 51 00 | www.alandstrafiken.ax.*

SEHENSWERTES

ÅLANDS SEEFAHRTSMUSEUM (ÅLANDS SJÖFARTSMUSEUM)

Geschichten über Leuchttürme und große Segelschiffe, echte Piratenflaggen und Wissenswertes zur modernen Seefahrt. *Juni–Aug. tgl. 10–17, Sept.–Mai 11–16 Uhr | 10 Euro (inkl. Museumsschiff Pommern) | Hamngatan 2 | Mariehamn | www.sjofartsmuseum.ax*

BOMARSUND FESTUNGSRUINE ☘

Die Überreste der riesigen russischen Festungsanlage sind frei zugänglich und bieten schöne Ausblicke in die Umgebung. Als strategischer Kontrollpunkt zur Beherrschung des Ostseeraums geplant, wurde sie im Krimkrieg 1854, noch unfertig, gleich wieder zerstört. *www.bomarsund.ax*

HOLZHAUSARCHITEKTUR VON HILDA HONGELL

Von den über 100 Holzgebäuden der ersten Baumeisterin Finnlands (1867–1954) stehen in Mariehamn noch 44. Im Schweizer Stil sind die Holzverzierungen am Haus *Södragatan 21* und *Mariegatan 22* geschnitzt. Weitere Gebäude finden Sie im *Åland-Führer* der Touristeninformation.

KÄLLSKÄR ☘ (133 E5) (*CU* C14)

Die Mumin-Schriftstellerin Tove Jansson war häufiger Gast auf dieser kleinen Insel südlich von Kökär. In einem Gartenhaus ließ sie sich von der Aussicht inspirieren und schrieb die Abenteuer der nilpferdartigen Fabelwesen auf, die so viele Menschen in ihr Herz geschlossen haben. Janssons Schreibstätte wird heute *Muumi-Haus* genannt und kann samt mediterranem Garten besichtigt werden. *Mitte Juni–Anf. Aug. | ab Brudhäll in Karlby | 25 Euro*

KASTELHOLMS SLOTT ★ (133 E5) (*CU* B13)

Die Burg aus dem 14. Jh. ist die meistbesuchte Sehenswürdigkeit Ålands. Zu ihrer Blütezeit im 15. und 16. Jh. war sie Stützpunkt der schwedischen Krone. Nach Plünderungen und Bränden war von der alten Pracht nicht viel mehr als eine Ruine übrig, doch seit gut 30 Jahren bemüht man sich um eine Rekonstruktion der Burg, die, von Wassergräben umflutet, herrlich pittoresk in die Landschaft ragt. Angeschlossen sind das *Gefängnismuseum Vita Björn* und das *Freilichtmuseum Jan Karlsgården (Mai–Sept. tgl. 10–17 Uhr | Eintritt frei)*. ● Mittsommer wird hier farbenfroh gefeiert: Der Johannisbaum wird traditionell geschmückt und bis spät in die Nacht wird getanzt und gesungen. Mitte Juli gibt es während der *Gustav-Vasa-Tage* auch einen Mittelaltermarkt. *Juli tgl. 10–18, Mai–Mitte Sept. 10–17 Uhr | 6 Euro | Sund | www.kastelholm.ax*

KIRCHEN

Auf Åland gibt es 15 mittelalterliche Feldsteinkirchen mit schönen Türmen. Als ältestes Steingebäude Finnlands überhaupt gilt die Kirche in *Jomala* (1270). In *Lemland* und *Sund* sind die ältesten Wandmalereien Finnlands auf Kalk zu sehen. Die Holzskulpturen in *Finström* stammen aus dem 12 Jh. Die anderen Kirchen stehen in *Eckerö, Föglö, Geta, Hammarland, Kumlinge, Saltvik* und *Vardö*

– der Name bedeutet übersetzt „Wächterinsel" und erinnert an längst vergangene Zeiten, als Vardö ein Zwischenstopp war auf dem Postweg von Turku nach Stockholm.

MUSEUMSSCHIFF POMMERN

Im Westhafen von Mariehamn liegt der letzte im Originalzustand erhaltene Viermastsegler der Welt. Die „Königin der Segelschiffe" wurde 1903 gebaut und als Getreidetransporter zwischen Australien und England bzw. Dänemark eingesetzt. 1939 ging sie in Ruhestand, seit 1953 ist die Pommern ein Museumsschiff. An Bord gibt es eine empfehlenswerte Ausstellung plus Dokumentarfilm über das Leben auf See. *Juni–Aug. tgl. 10–17, Mai/Sept. 11–16 Uhr | 10 Euro (inkl. Seefahrtsmuseum) | sjofartsmuseum.ax*

POST & ZOLLHAUS ECKERÖ
(133 E5) (*𝄞 B13*)

Das imposante neoklassizistische Gebäude ist eine Erinnerung an die alte Post-

---

⭐ **Åland-Inseln**
Perlen zwischen Finnland und Schweden: Das Archipel vor der Südwestküste besteht aus 6500 Inseln → S. 50

⭐ **Kastelholms Slott**
Die Residenz der mächtigen Könige von Schweden → S. 52

⭐ **Schärengebiet der Kvarken**
Hier wächst neues Land aus dem Meer → S. 57

⭐ **Burg Turku (Turun Linna)**
Die älteste mittelalterliche Burg Finnlands steht in Turku und hat eine bewegte Geschichte → S. 61

⭐ **Handwerksmuseum Luostarinmäki**
Der einzigartige historische Stadtteil von Turku bildet den Rahmen für dieses Museum, in dem die alten Handwerke in 30 Werkstätten weiterleben → S. 61

⭐ **Naantali**
Von drei Seiten wird die Stadt vom Meer umspült, Yachten säumen den Hafen, Jugendstilvillen die Uferpromenade → S. 62

⭐ **Altstadt Rauma**
Die größte historische Holzstadt Skandinaviens zählt zum Weltkulturerbe → S. 63

MARCO POLO HIGHLIGHTS

route zwischen Stockholm und St. Petersburg. Auf dem Gelände erwarten Sie ein *Postmuseum (Mitte Juni–Mitte Aug. tgl. 10–15 Uhr | Eintritt frei)*, Sommerboutique *Smått & Gott (Mai–Aug. tgl. 10–17 Uhr)*, handgemachte Pralinen von *Mercedes Chocolaterie (www.amorina. ax)* und das *Café Tsarevna (tgl. Mai 11–17, Juni–Aug. 10–18 Uhr)*. *Sandmovägen | Storby | Eckerö | Tel. 040 163 8112*

SEEFAHRTSVIERTEL MARIEHAMN (SJÖKVARTERET)

Es riecht nach Teer: Am Osthafen *(Österleden)* von Mariehamn wird die Welt der Seefahrer lebendig. Wenn sie nicht auf großer Fahrt sind, liegen an der Kaimauer ein Dreimaster und andere Segelschiffe vertäut, es gibt eine kleine Werft mit Schiffsschmiede und ein *Bootsmuseum (Mitte Juni–Mitte Aug. tgl. 11–17 Uhr, sonst auf Anfrage | 4 Euro | Tel. 01816033)*. Im Viertel finden Sie u. a.

das *Kunsthandwerkerhaus Salt (Mo–Fr 10–17, Sa 10–14, Juli Mo–Sa eine Stunde länger)*. Geniales *plåtbröd (Pizza)* macht *Pub Niska (Juni–Mitte Aug. tgl. 11–21, Mitte Aug.–Ende Sept. Mo–Sa 11–19, So 15–20 Uhr | Tel. 0181 9151 | €)*.

Typisch åländische Delikatessen sind neben frischem Fisch u. a. süßes Schwarzbrot, Sanddornprodukte, Käse sowie der åländische Pfannkuchen. Nach dem Fund von 170 Jahre altem Bier in einem Schiffswrack bietet die Brauerei *Stallhagen (Pub tgl. | Getavägen 196 | Godby | Tel. 045 73 44 85 00 | www.stallhagen.com)* nun aus eigener Herstellung das historische Bier „1843" an.

ÅSS PAVILJON

Das beliebteste Sommerlokal in Mariehamn liegt am Westhafen. Im Segel-

Wer mit dem Kajak nach Kobba Klintar paddelt, sieht schon von Ferne das alte und neue Lotsenhaus

paviljon erwarten Sie eine schöne Atmosphäre, leichte, fein abgeschmeckte Küche aus frischen Zutaten, gute Weine. *Mai–Sept. tgl. | Strandpromenaden | Tel. 01 81 91 41 | €€–€€€*

BAGARSTUGAN CAFÉ & VIN
Zuverlässig gutes Lunchrestaurant und Café in einem schönen, alten Holzhaus, kleine, gemütliche Räume und Sommerterrasse. *So geschl. | Ekonomiegatan 2 | Mariehamn | Tel. 01 81 98 80 | €€*

RESTAURANG SEAGRAM ❧
Täglich großes Fischbüfett. Die Terrasse hat Blick auf Meer und Yachthafen. *Tgl. | Lotsudden | Degerby | Föglö | Tel. 01 85 10 92 | www.seagram.ax | €–€€*

SOLTUNA ❧
Leichte Gerichte im Café, klassisch-vornehme Fisch- und Fleischspezialitäten im Restaurant. Schöne Aussicht von der

Terrasse und vom Turm auf das Meer. Ein Wanderweg führt zu Felsgrotten. *Mitte April–Mitte Sept. tgl. | Getabergsvägen | Geta | Tel. 01 84 95 30 | €–€€*

INSIDER TIPP STRANDHUGGET
Hier passt alles: Aussicht auf den kleinen Hafen, leckeres Essen, freundlicher Service, bei Bedarf auch Sauna und Übernachtung (12 Betten). *Juni–Mitte Aug. tgl. | Sottunga | am Hafen | Tel. 040 186 27 17 | €€*

FREIZEIT & SPORT
Für alles Erdenkliche gibt es auf den Inseln Ausrüstung und Anleitung, ob Fahrrad-, Kajak- und Bootsverleih, Parasailing, Kitesurfen oder Tauchen. Auch Beachvolleyball, Tennis und Reiten sowie Angelführungen und Robbensafaris sind im Angebot.

BOOTSAUSFLÜGE
Beliebt sind Touren zum alten Lotsenhäuschen auf der Insel *Kobba Klintar.* Mit dem Motorboot ab Yachthafen Korrvik in Mariehamn *(Mitte Juli–Mitte Aug. tgl. 10.30 u. 13 Uhr | Tel. 045 73 42 05 38)* oder als organisierte Paddeltour *(Juni–Aug. Sa 11–17 Uhr | Tel. 01 81 47 57 | www.sgu.nu)*

STRÄNDE, BÄDER & SAUNAS
Über 30 offizielle Sandstrände gibt es auf Åland, die schönsten liegen auf Eckerö: *Degersand, Käringssund* und *Sandviken.* Bei schlechtem Wetter geht's ins *Mariebad (Mo 12–22, Di–Fr 10–22 Sa/So 10–18, Außenpool Mai–Sept. tgl. 10–20 Uhr | ab 4,90 Euro | Österleden).* Ein besonderes Erlebnis ist der Besuch INSIDER TIPP einer schwimmenden Sauna: Der *Sandösunds-Campingplatz (Tel. 01 84 77 50 | www.sandosund.com)* auf Vårdö hat zwei Saunahäuser auf Pontons im See vertäut *(für

max. 8 Pers., auch für Nicht-Campinggäste | 18 Euro/Std.).

ÜBERNACHTEN

BASTÖ HOTELL & STUGBY

Ferienanlage mit Hotel, Hütten und Strandsauna, zentral gelegen auf der Hauptinsel. *20 Zi., 20 Hütten | Mai–Sept. | Pålsböle | Finström | Tel. 018 42 3 82 | www.hotelbasto.com | €€*

HAVSVIDDEN HOTEL UND RESORT ● ☼

Auf einer Landzunge der Insel Geta gelegen, hat das Haus viele Zimmer mit Meerblick (nachfragen!) sowie moderne Kliff- und Suitehäuser am Meer. Gutes Restaurant, Rauchsauna, Spa und Schwimmbad. *33 Zi. | Havsviddsvägen 90 | Geta | Tel. 018 49 4 08 | www.havsvidden.com | €€–€€€*

KVARNBO GASTHEM B & B

Sie erleben die historische Atmosphäre eines mit viel Liebe restaurierten Landhauses (19. Jh.), leckeres Frühstück und freundliche Gastgeber. *4 Zi. | Kvarnbo-Kyrkvägen 48 | Saltvik | Tel. 018 44 0 15 | www.kvarnbogasthem.com | €€*

NYBONDS PENSIONAT ☺

Mehr ein Zuhause als eine Pension: Das alte Kapitänshaus mit dem schönen Bauerngarten wurde behutsam renoviert. Wer will, kann am Kursprogramm (Yoga, Aquarellmalerei etc.) teilnehmen. Gekocht wird mit regionalen und Ökoprodukten, aufs Bett kommt bei Bedarf Allergikerbettwäsche. *3 Zi. | Solhemsgatan 1 | Tranvik | Sund | Tel. 040 5 87 95 56 | short.travel/fin7 | €*

INSIDER TIPP ▶ SVISKÄR

Einsiedlerleben de luxe: ein Ferienhaus auf der Insel Sviskär für vier, die sich mögen. Es gibt keinen Strom, dafür jede Menge Natur und Behaglichkeit. Auf Wunsch mit Vollverpflegung im Picknickkorb vom Edelrestaurant der Hauptinsel Silverskär. *Nördlich vor Saltvik | Tel. 018 52 55 65 | short.travel/fin10 | €€€*

AUSKUNFT

TOURISTENINFO MARIEHAMN
Storagatan 9 | Tel. 018 24 0 00 | www.visitaland.com

ÖSTER-BOTTEN

Der Landstrich Österbotten zwischen Kristiinankaupunki und Oulu ist von der Sonne verwöhnt. Sie gab einer beliebten Reiseroute der Küste entlang ihren Namen: Die „Sonnenroute" führt vom Südwesten bis nach Oulu.
Die Fahrt geht durch Fischerdörfer und Hafenstädte, die zu den ältesten Finn-

lands gehören. Im Inland bestimmen Wiesen, Felder, Gewächshäuser und Bauernhöfe die Landschaft der flachen ostbottnischen Korn- und Gemüsekammer, zahlreiche große, fischreiche Flüsse münden ins Meer. Die Orte sind schwedisch geprägt und oft zweisprachig. Österbotten heißt die Region im Schwedischen, *Pohjanmaa* auf Finnisch.

SEHENSWERTES

INSIDER TIPP ARCHIPEL DER SIEBEN BRÜCKEN (136 B5) (*M D9*)

Diese 40 km sind einer der schönsten Abschnitte auf der Sonnenroute: Die Küstenstraße 749 führt über sieben Brücken durch die Schären von *Jacobstad Pietarsaari* (19 500 Ew.) nach *Kokkola* (47 000 Ew.). Beide Städte sind bekannt für ihre denkmalgeschützten Holzhausviertel.

Besuchen Sie in *Jakobstad* die Altstadt *Skata* und in *Fabödä* das *Arktikmuseum Nanoq (Juni–Aug. tgl. 11–18 Uhr | 10 Euro | Pörkenäsintie 60 | www.nanoq. fi)*, das im grönländischen Torfhausstil errichtet ist. Oder gehen Sie an den *Strand*. Schalten Sie auf der Leuchtturminsel *Tankar* einen Gang zurück. Bei Hunger hilft eine leckere Fischsuppe und bei Müdigkeit ein Bett z. B. im *Lotsenhaus Tankar Inn (mit dem Boot Mitte Juni–Mitte Aug. Di–So 12 Uhr | short.travel/fin11)*.

KALAJOKI (136 C4) (*M D9*)

Der 3,5 km lange Sandstrand ist im Sommer die Hauptattraktion Kalajokis (12 600 Ew.). Beliebt ist auch der Tanzpavillon *Merisärkkä (Sa, im Juli Mi/Fr/ Sa | Pakkainpolku 20 | www.merisarkka. fi)* direkt am Strand. Von Mai bis Oktober bringen Sie das Segelschiff INSIDER TIPP *Ansio* (40 Euro | Tel. 044 2 70 43 58 | www.plassi.fi) oder die Fähren *(www. fememare.fi)* von hier zu den auto-

nomen, unter eigener Regierung stehenden Fischerinseln *Maakalla* und *Ulkokalla*.

KRISTIINANKAUPUNKI (133 F2) (*M C11*)

Als einzige Siedlung vom Feuer im 18. Jh. verschont, ist das idyllische Städtchen eine historische Perle (6800 Ew.) und die erste 🌍 „Cittaslow"-Gemeinde (entschleunigte Stadt) Finnlands. In der Holzkirche von 1700 mit schiefem Turm hängen echte Votivschiffe. In der *Wolfshöhle* bei Karijoki (20 km) wurden Werkzeuge gefunden, die über 120 000 Jahre alt sein sollen. Die Höhle ist gesperrt, doch es gibt ein Infozentrum *(Mitte Juni– Ende Juli Mi–So 11–17.30 Uhr | Eintritt frei | www.susiluola.fi)*.

SCHÄRENGEBIET DER KVARKEN (KVARKEN ARCHIPELAGO) ★ (133 F1) (*M C10*)

Dieses Schärengebiet, Unesco-Welterbe, ist ein geologisches Wunderland und ein Alptraum für Kartografen. Jedes Jahr hebt sich das Land um ca. 8 mm. Neue Inseln erscheinen, Felsen ragen plötzlich aus dem Wasser. Erleben können Sie das Archipel auf Bootstouren, Wissenswertes über die Landhebung erfahren Sie im *Terranova Kvarken Naturzentrum (Di–Do 11–18, Fr–So 11–16 Uhr | 5 Euro | Museokatu 3 | Vaasa | www. pohjanmaanmuseo.fi)*

SÖDERFJÄRDEN (133 F1) (*M C10*)

Durch einen Meteoriten vor 520 Mio. Jahren entstanden, ist die kreisrunde Ebene (2300 ha) heute ein wichtiger Rastplatz für Kraniche. Mittendrin in diesem Areal liegt das Besucherzentrum *(Straße 673 über Maalahti)* mit Vogelturm und Weltraumteleskop *(Juni–Sept. Mi 18–20, So 14–20 Uhr | 5 Euro | www. meteoria.fi)*.

VAASA (133 F1) (*ω C10*)

Die lebhafte Universitätsstadt (66 900 Ew.) ist das Zentrum der Region Österbotten. 1606 gegründet, ist Vaasa immer wieder abgebrannt, zuletzt 1852, wonach die Stadt 7 km nördlich an den heutigen Ort verlegt wurde. Urlauber lieben in Vaasa die Strände und den Vergnügungspark *Wasalandia* (s. S. 114). Kunstliebhaber zieht es in die großartigen Kunstmuseen. Das *Kuntsi (Di–So 11–17 Uhr | 7 Euro | www.kuntsi.vaasa.fi)* zeigt moderne Kunst. Im *Tikanojan taidekoti (Juni–Aug Di–So 10–16, sonst 12–17 Uhr | 7 Euro | www.tikanojantaidekoti.fi)* sind u. a. Klassiker wie Picasso, Matisse und Gaugin zu sehen. Vor der Küste Vaasas liegt das Schärengebiet Kvarken. Stilvoll übernachten Sie im *Hotel Kantarellis (58 Zi. mit Sauna | Rosteeninkatu 6 | Tel. 0 63 57 81 00 | www.hotelkantarellis.fi | €€)* im Zentrum. Abendsonne, Blick aufs Meer sowie gutes Essen genießen Sie im ☼ *Strampen (April–Dez. tgl. | Rantakatu 6 | Tel. 041 4 51 45 12 | €€).* Touristeninformation: *Raastuvankatu 30 | Tel. 0 63 25 11 25 | www.visitvaasa.fi*

OULU

(136–137 C–D3) (*ω E8*) Bevor es weiter nördlich in die lappländische Einsamkeit geht, können Sie in Oulu noch einmal ins urbane Leben eintauchen.

An finnischen Maßstäben gemessen, versprüht die Provinzhauptstadt tatsächlich so etwas wie Großstadtatmosphäre – immerhin leben hier gut 196 000 Menschen. Seit über 400 Jahren existiert der Ort und wuchs durch den Handel mit Teer zur Stadt heran. Im 19. Jh. war Oulu einer der wichtigsten Teer-Exporthäfen Europas. Das Teerbootrudern im Juni *(www.tervasoutu.fi)* und das Teerfeuer zu Mitt-

sommer erinnern an diese Zeit. Nach einem Großbrand 1822 im klassizistischen Stil wiedererrichtet, ist Oulu heute eine sympathische Mischung aus Moderne und Tradition, schön gelegen an der Mündung des Oulujoki, mit vielen kulturellen Angeboten, guten Einkaufsmöglichkeiten und 400 km Radwegen.

SEHENSWERTES

DOM (TUOMIOKIRKKO)

Der 56 m hohe Glockenturm der neoklassizistischen Kirche ist das Wahrzeichen der Stadt und wurde nach dem großen Brand von 1822 aus den Trümmern völlig neu aufgebaut. *Juni–Aug. tgl. 10–21 Uhr | Asemakatu 6/Ecke Kirkkokatu*

MARKTPLATZ (KAUPPATORI)

Eine Jugendstilmarkthalle, restaurierte Salzspeicher und Marktstände bilden das Herz der Stadt, bewacht von der Statue des kleinen Marktpolizisten *toripoliisi.* Von hier gelangen Sie in die Altstadt mit Fußgängerzone voller Shops, Cafés und Kaufhäuser oder über eine Brückenlandschaft in andere Stadtteile.

NORD-ÖSTERBOTTEN-MUSEUM (POHJOIS-POHJANMAAN MUSEO)

Die archäologischen Schätze der Region werden in diesem Museum auf vier Etagen gezeigt, neben Exponaten des Wirtschafts- und Alltagslebens sowie einer umfangreichen Sammlung der samischen Kultur. *Di–So 10–17 Uhr | 6 Euro | Ainolan Puisto 26 | www.ouka.fi/oulu/ppm*

WISSENSCHAFTSZENTRUM TIETOMAA

In diesem preisgekrönten Haus werden Wissenschaft, Natur und Technik interaktiv erfahrbar. Mehr als 170 Exponate, z. B. ein Skisprungsimulator, stehen zum Experimentieren bereit. Mit Kino, Café sowie  Aussichtsturm. *Tgl. 10–17 Uhr, saisonale Abweichungen | 15 Euro | Nahkatehtaankatu 6 | www.tietomaa.fi*

ESSEN & TRINKEN

HELLA
Ein kleines Lokal mit kurzer Speisekarte. Die Gerichte sind elegant abgeschmeckt und frisch zubereitet. Sehr gute Weinkarte, Mo–Fr auch Mittagstisch. Als Dessert vielleicht Lakritz-Crème-brûlèe? *Tgl. | Isokatu 13 | Tel. 08 37 11 80 | €€–€€€*

PUISTOLA
Deli, Bistro und Restaurant im renovierten Jugendstilhaus, morgens frühstücken Sie günstig ab 7.30 Uhr (€), mittags leichte Gerichte im Bistro *(tgl. | €€)* und Salate im Deli *(So geschl. | €€),* abends Restaurant mit gehobenem Anspruch *(bis auf Juli So geschl. | €€€). Pakkahuonekatu 15 | Tel. 02 07 92 82 10 (*) | www.ravintolapuistola.fi*

SOKERI-JUSSIN KIEVARI
Traditionelle finnische Gerichte wie Elchsteak und Zwiebelbraten in einem alten Holzspeicher auf der Insel *Pikisaari*. Klassisch angehaucht ist auch das Nachmittagseis, das auf der Sommerterrasse kredenzt wird: Im Programm gibt es eine Sorte mit Teergeschmack ... *Tgl. | Pikisaarentie 2 | Tel. 08 37 66 28 | €€€*

FREIZEIT & SPORT

BREAK SOKOS HOTEL EDEN
(136 C3) (*E8*)
Am Strand der Insel Hietasaari liegt dieses Spa. Zum Programm gehören ein tropisches Schwimmbad unter einer großen Glaskuppel, ein Freiluftbecken mit Blick aufs Meer, türkische, römische und finnische Sauna sowie Massagen und Kosmetikbehandlungen. *Spa tgl. 10–21, Kosmetikbehandlungen Mo–Sa 9–18 Uhr | 15 Euro | Tel. 02 01 23 49 05 (*) | Holstinsalmentie 29 | www.sokoshotels.fi*

Erinnerung an die Bedeutung des Seehandels für die Stadt im Inneren der Kathedrale von Oulu

ÜBERNACHTEN

LASARETTI

Hinter rotem Backstein verbirgt sich ein elegantes Hotel. Das Lasaretti liegt zentral im Stadtpark *Hupisaaret*, vom Zimmer aus blicken Sie auf die Flussmündung. Im Angebot des Hauses sind Sauna, Schwimmbad und Fitnessraum. *49 Zi. | Kasarmintie 13 | Tel. 02 07 57 47 00 (*) | www.lasaretti.com | €€€*

INSIDER TIPP TURUSEN SAHA

Kleines, freundliches B & B im Holzhaus, idyllisch auf der Insel Pikisaari direkt im

ZIELE IN DER UMGEBUNG

FREILICHTMUSEUM TURKANSAARI

(137 D3) (*M E8*)

In 40 Gebäuden auf zwei Inseln im Oulujoki wird sichtbar, welche Fähigkeiten die Bauern, Holzfäller und Lachsfischer zum Überleben brauchten. An Juhannus wird traditionell Teer gebrannt. *Juni– Mitte Aug. tgl. 10–18, bis Mitte Sept. 10– 16 Uhr | 6 Euro | www.ouka.fi/turkansaari*

LIMINGANLAHTI (136 C4) (*M E8*)

Diese Bucht an der Westküste ist ein Paradies für Vogelliebhaber und Finn-

Alles ist relativ: Im Burghof in Turku fühlt man sich plötzlich ganz klein

Zentrum gelegen. *6 Zi. | Pikisaarentie 10 | Tel. 044 9 72 60 31 | www.turusensaha.fi | €–€€*

AUSKUNFT

TOURISTENINFORMATION OULU

Torikatu 10 | Tel. 08 55 84 13 30 | www. visitoulu.fi

lands wertvollstes Feuchtgebiet. Viele seltene Vogelarten leben hier, z. B. Wiesenweihen, Eulen, Kraniche, Birkhuhn oder Wendehals. Ein Naturschutzzentrum, Bohlenwege und fünf Beobachtungstürme erleichtern Hobby-Ornithologen das Sichten der Federlinge. *(www. liminganlahti.fi)*. Geführte Touren bietet *www.finnature.fi*.

TURKU

(132 C4) *(🕮 D13)* **Umgeben von Inseln und Schären breitet sie sich aus: die charmante und lebendige Universitätsstadt Turku, schwedisch Åbo.**

Unter schwedischer Herrschaft war Turku bis 1812 Hauptstadt und größter Handelsplatz Finnlands. Erst der russische Zar verlegte die Hauptstadt in das näher an Petersburg gelegene Helsinki. 1827 wurde Turku durch einen Großbrand zu drei Vierteln zerstört und verlor Universität und Vormachtstellung. Die Stadt (184 300 Ew.) war 2011 Kulturhauptstadt Europas und hat eine lange Schiffbautradition. Die größten Kreuzfahrtschiffe der Welt wurden in der Werft von Turku gebaut.

Turku ist zweigeteilt durch den Aura-Fluss, zweisprachig und gesegnet mit historischen Kulturschätzen und einer malerischen Schärenküste. Es gibt Fährverbindungen nach Åland, Schweden und Tallinn.

ABOA VETUS & ARS NOVA

Die Ruinen des Klosterviertels Aboa Vetus (14. Jh.) wurden beim Bau des Museums für Moderne Kunst (Ars Nova) zufällig entdeckt und architektonisch in das Gebäude integriert. *Tgl. 11–19 Uhr | 8 Euro | Itäinen Rantakatu 4–6 | www.aboavetusarsnova.fi*

BURG (TURUN LINNA) ★

Die erste Sehenswürdigkeit der Stadt grüßt die Besucher schon am Fährterminal des Hafens: Trutzig und grau steht sie Ihnen gegenüber, die älteste mittelalterliche Burg des Landes. 1280 wurde sie errichtet, immer wieder zerstört, umgebaut und schließlich (1980) in den heutigen imposanten Zustand restauriert. Die Festung beherbergt das Historische Museum, regelmäßig finden Ausstellungen und Konzerte statt. *Juni–Aug. tgl., sonst Di–So 10–18 Uhr | 9 Euro | Linnankatu 80 | www.museumcentreturku.fi*

DOM (TUOMIOKIRKKO)

Finnisches Nationalheiligtum aus dem 13. Jh. und Hauptkirche der lutherischen Landeskirche. Den Bau aus dem Jahr 1832 prägen die einfachen, strengen Formen des Neoklassizismus. *Tgl. 9–18, im Sommer bis 20 Uhr | Eintritt frei, Museum 2 Euro | Tuomiokirkonkatu 1*

FORUM MARINUM

Das Meereszentrum wartet mit einer beachtlichen Flotte an Museumsschiffen auf. Die Pikkuföri-Fähre für Fluss- und Hafenrundfahrten legt hier ab. *Museum: Mai–Sept. Di–So 11–19, Juni–Aug. tgl. 11–19 Uhr | Linnankatu 72 | www.forum-marinum.fi; Schiffe: Juni–Aug. 11–19 Uhr | Tageskarte 16 Euro*

HANDWERKSMUSEUM LUOSTARINMÄKI ★ ●

In 30 Handwerkstätten wird in diesem historischen Stadtteil auf vorindustrielle Weise im Sommer gewebt, gehobelt und gedrechselt. Sie können zuschauen, mitmachen oder fertige Produkte im Laden kaufen. *Juni–Aug. tgl. 10–18 Uhr | 6 Euro | Vartiovuorenkatu 2 | www.turku.fi/kasityolaismuseo*

HUS LINDMAN ☼

Lunchbüfett in drei Preiskategorien und Abendessen à la carte in einem schön renovierten, historischen Holzgebäude. Die Sommerterrasse hat Ausblick auf Fluss und Dom. *Sa geschl. | Piispankatu 15 | Tel. 0400 46 61 00 | €–€€*

INSIDER TIPP SERGIO'S

Das beste italienische Restaurant in Finnland lohnt einen Genuss-Stopp. Es erwartet Sie eine schöne Atmosphäre im geschützten Holzgebäude (1787) am Flussufer. Mit Eisbar und Café. Familienfreundlich. *So geschl. | Läntinen Rantakatu 27 | Tel. 02 07 69 85 85 (*) | €–€€*

FREIZEIT & SPORT

INSIDER TIPP JOKIOINEN-MUSEUMSBAHN

Von Jokioinen nach Humppila fährt eine Museumsbahn durch schönste Landschaft *(Juni–Mitte Sept. So 10.15–17.30 Uhr | Erw. 10–14, Kinder 6–16 J. 5–7 Euro | Kiipuntie 49 | www.jokioistenmuseorautatie.fi)*. Wochentags geht es mit Resinen, die das angeschlossene *Minkiö-Museum (Tel. 040 5 52 53 22)* verleiht, auf Schmalspurschienen flott voran (1 Std. 10 Euro/Pers., 1 Tag 25 Euro/Pers., Kinder 50 Prozent Ermässigung).

RUISSALO

Südwestlich von Turku liegt die 800 ha große Insel, die durch eine Brücke mit dem Festland verbunden ist und heute der Erholung dient. Sie können radeln, golfen und wandern. Es gibt ein Strandbad, prachtvolle Villen säumen das Ufer. Mitte Juli tummeln sich hier beim bekanntesten Rockfestival Finnlands, dem *Ruisrock (www.ruisrock.fi)*, 90 000 Besucher.

AM ABEND

INSIDER TIPP VAAKAHUONEEN PAVILJONKI

Bei Einheimischen beliebtes Tanzrestaurant mit schöner Terrasse am Aura-Fluss. Hier gibt es jeden Abend Livemusik und Tanz, dazu ein Schärenbüfett, Salatbar,

Café. Di 18–19 Uhr kostenloser Tanzkurs. *Juni–Aug. tgl. | Linnankatu 38 | www.vaakahuone.fi | €*

ÜBERNACHTEN

PARK HOTEL

Ruhiges Jugendstilhotel am Puolala-Park und in Bahnhofsnähe. Individuell eingerichtete Zimmer, freundlicher Service. *20 Zi. | Rauhankatu 1 | Tel. 0 2 2 73 25 55 | www.parkhotelturku.fi | €€€*

TUURE BED & BREAKFAST

Schnörkellose Übernachtung im Geschäftshaus, mit freundlichem Service, kostenlosem WLAN. Zentral gelegen, mit Hauskatze. *15 Zi. | Tuureporinkatu 17c | Tel. 0 22 33 02 30 | www.netti.fi/~tuure2 | €*

AUSKUNFT

TURKU TOURING

Aurakatu 2 | Tel. 0 22 62 74 44 | www.visitturku.fi

ZIELE IN DER UMGEBUNG

NAANTALI ★ (132 B4) *(ᗙ C13)*

Wer stilecht anreisen will, kommt mit dem Dampfer: Auf dem Weg nach Norden ist dieses kleine Städtchen (18 800 Ew.) ein beliebtes Ausflugsziel. Im Sommer fährt die *M/S Ukkopekka (www.ukkopekka.fi)*, das letzte aktive Dampfschiff der Schären, in knapp 2 Std. von Turku nach Naantali. An Land erwartet Sie die traditionelle Sommerfrische Finnlands mit Holzvillen, Kurbad und einer lebhaften Uferpromenade. Neben der Altstadt sind die Klosterkirche von 1462, das *Muminland (s. S. 114)* und die Sommerresidenz *Kultaranta (Führung Juni–Mitte Aug. Di–So 14/15 Uhr | 12 Euro)* des finnischen Präsidenten sehenswert. Ein Klein-Versailles des Nordens ist der **INSIDER TIPP** Park von Kultaranta, in dem im Sommer 3500 Rosenstöcke blühen. Die Residenz liegt auf der Insel Luonnonmaa, eine Brücke vom Festland führt hinüber. Touristeninformation: *Tel. 0 24 35 98 00 | www. naantalinmatkailu.fi*

⭐ *Altstadt (www.oldrauma.fi)* mit ihren 600 bewohnten Holzhäusern, 200 Lädchen und Gassen, ist ein historisches Gesamtkunstwerk. Sie gehört seit 1991 zum Weltkulturerbe. Rauma ist außerdem bekannt für seine Spitzenklöppelkunst. Bei der traditionellen Spitzenwoche Ende Juli stellen die Meisterinnen

Der Strand Yteri bei Pori lockt die Finnen aus ihren Sommerhäusern

PORI (133 F3) (*∅ C12*)

Das Städtchen (83 510 Ew.), 140 km westlich von Turku, ist bekannt für den Bilderbuchstrand *Yteri*, schöne Architektur und das *Pori Jazz Festival* im Juli. Nach einem Stopp im *Café Jazz (Mai–Aug. So geschl. | Eteläranta 5 | Tel. 040 7 24 34 39 | €€)* am Flussufer lohnt ein Besuch der von Alvar Aalto entworfenen *Villa Mairea (Juni Sept. | 20 Euro | Laviantie 4 | www. villamairea.fi)* in Noormarkku.

RAUMA (132 A1) (*∅ C12*)

Planen Sie in Rauma (40 000 Ew., 90 km entfernt) Zeit zum Bummeln ein: Die

ihre Werke aus. Kaufen können Sie Spitze u. a. bei *Kajava (Kuninkaankatu 28)*. Gut und reichlich ist das Essen im *Wanhan Rauman Kellari (tgl. | Anundilankatu 8 | Tel. 0 28 66 67 00 | www.wrk. fi | €€–€€€)*. Übernachten können Sie schlicht im B & B *Haus Anna (5 Zi. | Satamakatu 7 | Tel. 050 5 51 12 22 | www. hausanna.fi | €)*. Oder Sie fahren aufs Meer hinaus zum ☀ *Leuchtturmhotel Kylmäpihlaja (13 Zi. | Tel. 045 175 06 19 | www.kylmapihlaja.com | €€)* und träumen in luftiger Höhe. Fähre ab Poroholmen in Rauma *(Juni–Mitte Aug. 3-mal tgl. | 28 Euro | Tel. 050 3 49 81 04)*.

SEENFINNLAND

Seinen Ruf vom „Land der tausend Seen" hat Finnland den rund 40 000 Gewässern der finnischen Seenplatte zu verdanken. Unzählige Landzungen, Buchten und Höhenrücken wie die berühmte Nationallandschaft von Punkaharju formen ein einzigartiges Gewebe aus Wasser, Hügeln und Wald.

Dieser Flickenteppich aus Blau und Grün zwischen Tampere im Westen, Kuopio im Norden, Savonlinna im Osten und Lahti im Süden ist eine traumhafte Naturkulisse für einen erholsamen Urlaub. Die Seen gehören zu den saubersten Gewässern Europas. Hier können Sie überall an unzähligen Badestränden in klarem Wasser schwimmen und Finnland wie aus dem Bilderbuch erleben. Ein *mökki* und Ruderboot bieten Erholung pur.

JYVÄSKYLÄ

(134 C2) (*♫ E11*) **Eigentlich müsste die Hauptstadt Mittelfinnlands (135 900 Ew.) Alvar-Aalto-Stadt heißen. Hier begann der finnische Architekt seine Weltkarriere, mit 30 Gebäuden hat er das Gesicht von Jyväskylä geprägt.**

Holzhausromantik sucht man hier vergebens. Wer sich aber für die Architektur der klassischen Moderne begeistert, der wird dieser Stadt einen längeren Besuch abstatten wollen: Ob Universität, Stadttheater oder Polizeipräsidium – viele der öffentlichen Bauwerke gehen auf Entwürfe von Alvar Aalto zurück. Einen Überblick verschafft die *Architekturkarte,* die das Touristenbüro für 2 Euro bereithält.

Bild: Ufer des Päijänne-Sees

Traumhafte Vielfalt: An Saimaa und Päijänne warten Ruderboote und Sommerhäuschen, in Savonlinna und Tampere Kunst und Kultur

SEHENSWERTES

ALVAR-AALTO-MUSEUM

Auf Bitte der Stadt hat sich Aalto mit dem Gebäude selbst ein Denkmal gesetzt. Skizzen und Fotos, Designgegenstände, Modelle und Möbel veranschaulichen sein Leben. *Di–So 11–18 Uhr | 6 Euro | Alvar Aallon katu 7 | www.alvaraalto.fi*

GALLERIA RATAMO

Moderne Grafik und Fotografie finnischer und internationaler Kunstgrafiker sind im alten Lokhaus zu sehen. *Di–So 11–18 Uhr | Eintritt frei | Veturitallin katu 6 | www.jyvaskyla.fi/ratamo*

HANDARBEITSMUSEUM

Filzen, schnitzen, flechten: Handarbeit ist eine finnische Tradition, die heute so lebendig ist wie vor 100 Jahren. Hier darf man anfassen, riechen und hören, Festtrachten bewundern und in der Werkstatt sein eigenes Souvenir herstellen. *Di–So 11–18 Uhr | 6 Euro | Kauppakatu 25 | www.craftmuseum.fi*

▸ **KUOKKALAN KARTANO**

Jugendstil-Herrenhaus von 1904 mit schöner Kunstgalerie und Café. *Di–Fr 10–17, Sa/So 12–17 Uhr | 5 Euro | Hämeenpohjantie 50 | Tel. 050 5 33 72 23 | www.kuokkalankartano.fi*

ESSEN & TRINKEN

▸ **HARMOONI**

Finnische Küche in reizvoller Atmosphäre einer ehemaligen Harmoniumfabrik.

SOPPABAARI

Günstige, phantasievolle Suppen, Nudel- und vegetarische Gerichte. *So geschl. | Väinönkatu 26 | Tel. 01 44 49 80 01 | €*

EINKAUFEN

Leinenmode verkauft *Pellavainen (Kauppakatu 4)*, originelle Postkarten *Harjun Paperi (Yliopistonkatu 6b)*. Edel gedrechseltes Holz, Emaillekunst und eine Galerie finden Sie in der *Höyry-Galleria (tgl. |*

Wanderer finden ihr Glück im Isojärvi-Nationalpark bei Jämsä

Mit Gartenterrasse. *So geschl. | Väinönkatu 1 | Tel. 02 07 35 34 00 (*) | www.harmooni.fi | €€*

KAHVILA MUISTO

Schnuckeliges Café im *Toivolan Vanha Piha*, einem Handwerkerhof, aus dem 19. Jh. *Tgl. | Cygnaeuksenkatu 2*

OLD BRICKS INN

Nostalgisches Pub mit guter Bierauswahl und dazu passenden Gerichten. An sonnigen Abenden ist die Terrasse voll. *Tgl. | Kauppakatu 41 | Tel. 0 14 61 62 33 | €€*

Korpilahdentie 10 | www.hoyrygalleria.fi). Süßschnäbeln zu empfehlen: *Panda-Fabrikverkauf (Asemati 2 | Vaajakoski | www.panda.fi)*.

FREIZEIT & SPORT

Die Touristeninformation vermittelt Adressen zu Fahrradverleih, Wassersport, Golf, Reiten oder Fahrten mit dem Heißluftballon. Rund um den *Jyväsjärvi-See* führt der 12 km lange *Freizeitpfad Rantaraitti*. Schön für Flaneure: der kleine *Stadtpark Harju*. Das ☘ Café im *Was-*

serturm *Vesilinna* bietet Aussicht auf Stadt und See.

ÜBERNACHTEN

HOTEL YÖPUU

Kleines, familiäres Hotel in einem der wenigen älteren Häuser der Stadt. Gehobene Gourmetküche in den Restaurants *Pöllöwaari* und *Ranskalaiset Korot*. 26 Zi. | *Yliopistonkatu 23 | Tel. 0 14 33 39 00 | www.hotelliyopuu.fi | €€*

KAMPUS

Einfache Pension in Uninähe, Zimmer mit Küchenzeile, WC, TV und Dusche. 9 Zi. | *Kauppakatu 11a | Tel. 01 02 79 20 02 (*) | www.jyvaskylahotel.fi | €*

TAULUN KARTANO 🌳

Nostalgie pur: Das historische Landgut (35 km entfernt) wurde stilvoll restauriert. Die Zimmer sind romantisch eingerichtet, die Küche verwendet Zutaten regionaler Biohöfe, Islandponys stehen für einen Ausritt bereit. Vermietet werden 16 Zimmer, typisch finnische Holzhütten und eine große Blockhausvilla am See. *Tauluntie 596 | Kankainen | Tel. 044 0 88 45 90 | www.taulunkartano.fi | €€*

AUSKUNFT

TOURISTENINFORMATION JYVÄSKYLÄ

Asemakatu 7 | Tel. 01 42 66 01 13 | visit. jyvaskyla.fi

ZIELE IN DER UMGEBUNG

JÄMSÄ (134 C3) (𝄞 E12)

Die 58 km entfernte Stadt (23 000 Ew.) am westlichen Ufer des *Päijänne-Sees* ist eine Filzhochburg. Zwei Fabriken verkaufen ab Werk u. a. Schuhe und Hüte: *Alhon Huopatehdas Oy (Partalantie 131)* und *Huopaliike Lahtinen Ay (Partalan-*

tie 267). Die *Himos-Berge* und der *Isojärvi-Nationalpark* sind beliebte Wandergebiete, vom Hafen starten Tagesausflüge *(20–40 Euro | www.paijannematkat. com)* über den See.

INSIDER TIPP ▶ MÄNTTÄ (134 C3) (𝄞 E11)

Im Leben der finnischen Unternehmerfamilie Serlachius spielte Kunst eine wichtige Rolle. Gustaf Adolf begründete vor einem Jahrhundert eine Sammlung, die sein Neffe Gösta fortsetzte. Daraus hervorgegangen ist eine der größten Kunststiftungen in Nordeuropa, die zwei Museen unterhält: *Gösta* (untergebracht in einem Herrenhaus) widmet sich der Kunst, *Gustaf* (im früheren Firmensitz von Serlachius) erzählt die Geschichte Serlachius', mit dessen Papierfabrik in Mänttä alles begann. *Juni–Aug. tgl. 10– 18, Sept.–Mai Mi–So 12–17 Uhr | 15 Euro | www.serlachius.fi*

PÄIJÄNNE ⭐ (134 C2–4) (𝄞 E12)

Der zweitgrößte See Finnlands erstreckt sich über eine Länge von 119 km bis nach

⭐ **Päijänne**
Die Perle der finnischen Seenplatte → S. 67

⭐ **Saimaa-Seenplatte**
14 000 Inseln und eine eigene Robbenart → S. 69

⭐ **Burg Olavinlinna**
Die Mittelalterburg von Savonlinna wird jedes Jahr zur Opernkulisse → S. 72

⭐ **Punkaharju**
Eine berückend schöne Landzunge im blaugrünen Gemälde aus Wasser und Wald → S. 75

MARCO POLO HIGHLIGHTS

Lahti. Er liefert Trinkwasser für mehr als 1 Mio. Menschen, was für seine Reinheit spricht. Knapp 1900 Inseln verteilen sich auf dem riesigen Gewässer. Zahlreiche Schiffstouren starten im Sommer (Juni–Aug.) täglich vom Hafen auf den See, z. B. mit *Rhea Ship lines Oy (Di–Sa 3 Std. abends, Sa/So auch nachmittags | 20 Euro, Kinder 4–14 J. 50 Prozent Ermäßigung | www.matkarhea.fi)*. Oder Sie schippern mit einem **INSIDER TIPP** Hausboot *(Minimum 2–3 Tage, ab 225 Euro/ Nacht | ab Hafen Jyväskylä | Tel. 040 164 6168 | www.houseboat.fi/?lang=en)* selbst durch das Wasserlabyrinth.

PETÄJÄVESI (134 C2) (* DD E11*)

Die Gemeinde (4000 Ew.) 35 km westlich von Jyväskylä ist für ihre alte Holzkirche berühmt. Das Gotteshaus *(Juni– Aug. tgl. 10–18, So 10 Uhr Gottesdienst | 5 Euro | Vanhankirkontie 9)* von 1764 gilt als herausragendes Beispiel finnischer Zimmermannskunst und zählt zum Welt-

kulturerbe. Im Ort verkauft 🟢 *Heinähattu (Siltatie 3)* Öko- und Landprodukte.

LAPPEEN-RANTA

(135 E4) (*DD G12*) **Lappeenranta (72 000 Ew.)** ist südlicher Ausgangspunkt für Touren über den Saimaa-See. 1649 erhielt der Ort von der schwedischen Königin Kristiina I. die Stadtrechte. Von 1773 bis 1917 gehörte Lappeenranta zu Russland.

Heute ist Lappeenranta durch den 43 km langen Saimaa-Kanal Drehscheibe für den Handel mit Russland und der wichtigste Binnenhafen Finnlands. Die lindengesäumte lebhafte Hafenpromenade, das historische Festungsviertel, 15 000 Studenten und die warmherzige südkarelische Lebensart geben der Stadt einen liebenswerten Charakter.

Ein Nachmittag an der Saimaa-Seenplatte ist Entspannung pur

SEHENSWERTES

FESTUNGSVIERTEL (LINNOITUS)

Zwischen den grasüberwucherten Resten der alten Festung liegt das historische Stadtviertel auf einer Halbinsel am Hafen. An der Kristiinankatu stehen Museen, Cafés und die *Pokrova (Juni–Aug. Di–So 11–15 Uhr)*, die älteste orthodoxe Barockkirche Finnlands (1785). Ein *Naturlehrpfad* führt über das Gelände.

HAUSMUSEUM WOLKOFF

Mehr als vier Generationen der russischen Kaufmannsfamilie Wolkoff lebten in diesem Anwesen (1826) nahe dem Rathaus. Das restaurierte Haus bietet eine Reise in den Alltag der letzten 200 Jahre. Das Café-Restaurant (€€€) serviert russische und finnische Gourmetküche im Stil der alten Zeit. *Anf. Juni–Ende Aug. Mo–Fr 10–18, Sa/So 11–17, Sept.–Dez., März–Mai Sa/So 11–17 Uhr | 7 Euro | Kauppakatu 26*

LAPPEE-KIRCHE

Die letzte typische Vertreterin der karelischen Doppelkreuzkirche (1794) ist eine architektonische Rarität. Statisch notwendige, kunstvolle Holzverstrebungen sind eindrucksvolles Zeugnis der damaligen Zimmermannskunst. *Juni–Mitte Aug. tgl. 10–18 Uhr | Valtakatu 35*

MUSEUM SÜDKARELIENS (ETELÄKARJALAN MUSEO)

Das Museum erklärt Geschichte und kulturelles Erbe Südkareliens und die Bedeutung Lappeenrantas für den Ost-West-Handel. *Anf. Juni–Ende Aug. Mo–Fr 10–18, Sa/So 11–17, Jan.–Anf. Juni Di–So 11–17 Uhr | 7 Euro | Kristiinankatu 15*

SAIMAA-SEENPLATTE ★

Der Saimaa-See ist der größte See Finnlands, der viertgrößte Europas und ein riesiges, wunderschönes Wasserlabyrinth. Mit 14 000 Inseln und über 15 000 km Uferlinie ist er mehr ein Seengeflecht aus engen Wasserwegen und Seenbecken, die eigene Namen tragen. Nach der Eiszeit wurde das Gewässer durch die Landhebung von der Ostsee abgeschnitten. Das betraf auch die Saimaa-Ringelrobbe. Die gut 300 Tiere der seltenen Süßwasserrobbe sind streng geschützt und vom Aussterben bedroht. Am besten entdecken Sie den See vom Wasser aus. Die Auswahl an Schiffstouren ist groß. Regelmäßig verkehren *M/S Camilla (www.karelialines.fi)* und *M/S Faro (www.saimaanristeilyt.fi)*. Mit dem Fährschiff *M/S Carelia* geht es für einen Tag über den Saimaa-Kanal bis nach *Wyborg* oder 3 Tage nach St. Petersburg, zum *Kloster Valaam* im Ladogasee visumfrei *(Ende Mai–Anf. Sept. Mo–Sa | Passkopie 4 Tage vor Abfahrt einreichen | ab 65 Euro/Pers. nach Wyborg, ab 258 Euro/Pers. nach St. Petersburg, ab 395 Euro/Pers. zum Kloster | www.saimaatravel.fi)*.

ESSEN & TRINKEN

CAFÉ MAJURSKA

Wie in Omas Wohnstube: Handarbeiten an den Wänden, alte Möbel, dazu hausgebackene Kuchen und Pasteten. Im Samowar brodelt der Tee. Das Café im Festungsviertel war früher ein Offiziersclub. *Tgl. | Kristiinankatu 1 | €*

PRINSESSA ARMAADA ☆

Das Schiffsrestaurant am Hafen bietet Seeblick und solide Fisch- und Fleischgerichte. *Im Sommer tgl. | am Passagierhafen | Tel. 044 754 55 04 | www. prinsessaarmaada.fi | €€*

INSIDER TIPP SÄRÄPIRTTI KIPPURASARVI

Spezialist für das im Birkenholztrog gegarte, traditionelle Lammfleischgericht *Särä* in Lemi (20 km). *Rantatie 1 | Tel. 05 414 64 70 | Reservierung und Öffnungszeiten: www.sarapirtti.fi | €€€*

ÜBERNACHTEN

MIKONSAAREN LOMA-ASUNNOT

Die vier Ferienhütten auf der Insel Mikonsaari erreichen Sie über eine 5 km lange Inselstraße „mitten durchs Wasser". Saimaa pur. *Mikonsaarentie 383 | Tel. 040 5 56 00 28 | www.mikonsaari.fi | €€*

INSIDER TIPP SALPALINJANHOVI

Moderne Ferienwohnungen in einer alten Schule. Schöne Natur, 400 m zum Strand. Selbstversorgung. *6 FW | Vanha Mikkelintie 125 | Tel. 050 3 36 09 86 | www.salpalinjanhovi.com | €€*

AUSKUNFT

TOURISTENINFO LAPPEENRANTA

Brahenkatu 1 | Tel. 05 667 7 88 | www. visitlappeenranta.fi

ZIELE IN DER UMGEBUNG

FELSMALEREIEN VON ASTUVANSALMI (135 D3) (*Ø F12*)

Mehr als 5000 Jahre alt sind die 60 Abbildungen an der Steilwand am *Yövesi-See* bei Toijola (100 km entfernt). Die erst 1968 entdeckten Malereien werden der schamanischen Symbolik Nordeuropas zugeordnet. Dargestellt sind Elche, Menschen, Tierspuren und Schiffe. Einige der Malereien sieht man nur vom Boot aus. Fachkundige Führungen und Bootstouren organisiert auf Anfrage *Ancient Tours Ltd. (Tel. 045 128 17 81 | info@ muinaismatkat.fi)*.

IMATRA (135 E4) (*Ø G12*)

Ein Naturschauspiel zu Musik von Sibelius und Nightwish veranstaltet jährlich die 40 km entfernte Stadt Imatra (27 900 Ew.) Im Mittelpunkt des Geschehens: der Fluss *Vuoksi,* der hier seit 1929 zur Stromerzeugung gestaut wird. Von Mitte Juni bis Mitte August werden die Schleusen täglich um 18 Uhr geöffnet. Schäumend rauscht der Fluss dann 20 Minuten in sein altes Bett. Nebenan im *Rantasipi Imatran Valtionhotelli (137 Zi. | Torkkelinkatu 2 | Tel. 05 625 20 00 | www. rantasipi.fi | €€€)* genießen Sie Luxus. Guten Fisch essen Sie im INSIDER TIPP *Section Seven (tgl. | Almintie 6 | Tel. 040 7 75 75 05 | www.sectionseven.fi | €€– €€€)* am Saimaa-Ufer.

MIKKELI (135 D3) (*Ø F12*)

Die Hauptstadt der Provinz Ostfinnland (54 000 Ew., 105 km) liegt in einer herrlichen Umgebung, die Sie vom ☆ *Aussichtsturm mit Café (Juni–Mitte Aug. tgl. 10–18 Uhr | Mikonkatu 23)* bewundern können. Mikkeli wurde im Zweiten Weltkrieg stark bombardiert, da Marschall Mannerheim hier sein Hauptquartier aufgeschlagen hatte. Im *Hauptquartiermu-*

Schlafen im Museum? In der Verla-Kartonfabrik ist das möglich

seum (Päämajamuseo) (Mai–Aug. tgl., Sept.–April Fr–So 10–17 Uhr | 6 Euro | Päämajankuja 1–3) erfahren Sie alles über den Winterkrieg gegen Russland. Lokale Produkte bietet der lebhafte *Wochenmarkt (Juni–Aug. tgl. 7–21, Sept.–Mai 7–18 Uhr | Hallituskatu)*. Die *Kathedrale (Juni–Aug. tgl. 10–18, sonst Mo–Fr 10–11 Uhr | Ristimäenkatu 2)* von 1897 mit dem Altarbild „Gekreuzigt" von Pekka Halonen ist sehenswert. Gutshofhotel *Tertin Kartano (5 Zi. | Kuopiontie 68 | Tel. 015 17 60 12 | www.tertinkartano.fi | €€)* und die alte *Pfarrei Kenkävero (tgl. | Pursialankatu 6 | www.kenkavero.fi)* bezaubern durch gepflegte Gärten, regionale Küche und finnisches Kunsthandwerk. Touristeninformation: *Mikkeli Tourist Information (Maaherrankatu 22 | Tel. 044 7 94 56 69 | www.visitmikkeli.fi)*

VERLA-KARTONFABRIK ●
(135 D4) *(⌀ F12–13)*
Hinter den roten Backsteinmauern der Fabrik fertigten 80 Jahre lang vor allem Frauen feinsten Karton, der in die ganze Welt verschickt wurde. Nach der Schließung 1964 blieben alle Maschinen im Originalzustand erhalten und sind voll funktionsfähig. Das weltweit einzigartige Industriedenkmal gehört seit 1996 zum Unesco-Weltkulturerbe. Besichtigung nur mit Führung. *(Mitte Juni–Ende Juli tgl., Anf. Mai–Mitte Juni u. Aug./Sept. Di–So 10–17 Uhr, deutsche oder engl. Führung nur auf Bestellung | 8 Euro | Verlantie 295 | Tel. 02 04 15 21 70 (*) | museum.verla@upm.com | www.verla.fi)*.
Aus den ehemaligen Arbeiterhütten am angrenzenden See sind gemütliche Ferienhäuser geworden *(15 Hütten | Mai–Aug. | www.verla.fi/en/services/accomodation | €)*.

YLÄMAA (135 E4) *(⌀ G13)*
Den seltenen Edelstein *Spektrolith* gibt es nur im Gebiet Süd-Saimaa bei Ylämaa (35 km entfernt). Mittlerweile widmet sich die halbe Gemeinde der Vermarktung des in allen Regenbogenfarben schillernden Minerals. Im *Edelsteinmuseum (Jalokivikylä) (Juni–Aug. tgl. 10–*

17 Uhr | Eintritt frei) können Sie neben Spektrolithen auch andere edle Steine bewundern. Schmuck und Souvenirs verkaufen die Juweliere *Kiviseppä (www. kiviseppa.fi)* und *Korukivi (www.korukivi. fi)*. Am Wochenende nach Mittsommer findet eine große Edelsteinmesse statt.

SAVONLINNA

(135 E3) (*ᗡ G11–12*) Das Städtchen Savonlinna ist jährlich Schauplatz der internationalen Opernfestspiele, die Publikum aus aller Welt herbeilocken. Bekannt ist Savonlinna aber auch für Events wie die Meisterschaft im Telefon-Wegwerfen.

Während zur Handy-Wurf-WM nur etwa 100 Teilnehmer kommen, platzt Savonlinna (36 000 Ew.) bei den Opernfestspielen jedoch aus allen Nähten. Bis zu 70 000 Zuschauer reisen an, um in der malerisch am See gelegenen Burg Olavinlinna Tosca oder Tannhäuser zu erleben. Wer die Stadt in dieser Zeit besuchen will, sollte unbedingt eine Unterkunft reservieren. Abseits der Festspiele ist Savonlinna ein verschlafenes, freundliches Städtchen im Herzen des Saimaa-Seengebiets, das Sie am besten auf einer Minikreuzfahrt mit *S/S Punkaharju (Juni–Aug. tgl. 11, 13, 15, 17 Uhr | Satamakatu 7–10 | Tel. 0500 25 00 75 | www.vipcruise.info | 19 Euro)* erkunden.

SEHENSWERTES

BURG OLAVINLINNA ⭐

Sie ist die am besten erhaltene Mittelalterburg Nordeuropas und auch unabhängig von den Festspielen einen Besuch wert. Das heutige Aussehen erhielt der 1475 von den Schweden errichtete Wehrbau durch eine Restaurierung zwischen 1961 und 1975. Olavinlinna beherbergt ein historisches und orthodoxes Museum, Kongress- und Festsäle und einen Biergarten. Führungen in mehreren Sprachen, während der Festspiele auch hinter die Kulissen. *Juni–Mitte Aug. tgl. 11–18, sonst werktags 10–16, Sa/So 11–*

Ein Schmuckstück aus dem finnischen Mittelalter: Burg Olavinlinna

16 Uhr | 8 Euro | Operntickets (zwischen 80–270 Euro): www.operafestival.fi

ESSEN & TRINKEN

CAFÉ SAIMA
Hier stimmt alles: wunderschönes Ambiente im Holzhaus, leckere Kuchen, finnischer Kaffee und Sommerterrasse. Auch kleine Gerichte gibt es. *Juni–Aug. tgl. | Linnankatu 11 | Tel. 0 15 515 3 40 | €*

MAJAKKA
Gute finnische Fisch- und Fleischgerichte am Yachthafen. *Tgl. | Satamakatu 11 | Tel. 015 2 06 28 25 | €€*

PANIMORAVINTOLA HUVILA
Im Sommerrestaurant der lokalen Brauerei mit schöner Terrasse wird Bier nicht nur ausgeschenkt, sondern auch zum Kochen verwendet. *Tgl. | Puistokatu 4 | Tel. 0155 55 05 55 | www. panimoravintolahuvila.fi | €€–€€€*

ÜBERNACHTEN

LOMAMOKILLA
Ein finnischer Bauernhof wie im Bilderbuch: Ferienhäuser, B & B, Sauna am See. Mit Selbstversorgung oder Vollverpflegung. 10 km außerhalb. *23 Zi., 8 Hütten | Mikonkiventie 209 | Tel. 0 15 52 31 17 | www.lomamokkila.fi | €€*

INSIDER TIPP ▶ M/S LAKE STAR
Tagsüber Kreuzfahrtschiff, abends einfaches Hostel im Hafen. WC auf dem Flur. *9 Kajüten/5 mit Fenster | Chek-in 19, Juli 20.15 Uhr, Check-out 10.30 Uhr | Satamapuistonkatu | Tel. 0400 20 01 17 | www. lakestar.fi | €*

PERHEHOTELLI HOSPITZ
Im Stil der Dreißigerjahre geschmackvoll eingerichtetes Hotel im Familienbetrieb. Zentral und ruhig gelegen mit Blick auf den See. Schöner Obstgarten, gute Küche und freundlicher Service. *21 Zi. | Linnankatu 20 | Tel. 0 15 515 6 61 | www. hospitz.com | €€*

AUSKUNFT

TOURISTENINFORMATION SAVONLINNA
Kauppatori 2 | Tel. 0600 3 00 07 (*) | www.savonlinna.travel

ZIELE IN DER UMGEBUNG

KERIMÄKI (135 E3) *(Ø G11)*
3000 Personen passen locker hinein: Die größte Holzkirche der Welt (21 km entfernt) wurde 1847 gebaut, damit auch an Markttagen im Sommer alle gemeinsam den Gottesdienst besuchen konnten. Die Orgel stammt aus dem Jahr 1894. *Juni/Aug. tgl. 10–18, Juli bis 19 Uhr | Hälväntie 1*

KUOPIO (135 D1) *(Ø F10)*
Das 150 km entfernte Kuopio (111 000 Ew.) liegt auf einer Halbinsel im See Kallavesi. Eine der reizvollsten Schiffstouren Finnlands startet bzw. endet hier: Die Fahrt mit der alten ● *M/S Pujo (Juli Mo/Mi/Fr ab Savonlinna, Di/Do/Sa ab Kuopio, jeweils 9 Uhr | ab 95 Euro p. Pers., mit Übernachtung 180 Euro | www.mspuijo.fi)* führt durch Kanäle, Schleusen sowie eine wunderschöne Seenlandschaft. Vom Hafen der Stadt beginnen viele weitere Schiffstouren in die Umgebung.
Reste der alten Holzstadt sind im *Freilichtmuseum Alt-Kuopio (Kuopion Korttelimuseo) (Mitte Mai–Aug. Di–So 10–17, sonst 10–15 Uhr | 6 Euro | Kirkkokatu 22 | korttelimuseo.kuopio.fi)* erhalten und in der *Pikku-Pietarin-Marktgasse (Juni–Aug. Mo–Fr 10–17, Sa 10–15 Uhr | www.*

pikkupietarintorikuja.fi) mit Lädchen und Cafés. Auf dem Marktplatz mit *Jugendstilmarkthalle (Mo–Fr 8–17, Sa 8–15 Uhr)* bekommen Sie die Spezialität *kalakukko,* ein herzhaftes Roggenbrot mit eingebackenem Fisch oder Fleisch. *Café Kaneli (tgl. | Kauppakatu 22)* mit Ohrensesseln und Kamin ist ideal für gemütliche Kaffeepausen. Für den Abend empfiehlt sich eine Reservierung im rustikal dekorierten Gourmettempel *Musta Lam-*

LINNANSAARI-NATIONALPARK
(135 E2–3) (*□* G11)

40 km nördlich von Savonlinna, im Haukivesi-See, liegt die Kinderstube der stark bedrohten Saimaa-Robbe. Eine kleine Population lebt im nördlichen Teil des Sees. Mit etwas Glück sehen Sie die Tiere bei einer Paddeltour. Der Park ist nur mit Booten erreichbar *(tgl. ab Oravi | Kiramontie 15 | 19 Euro Hin- und Rückfahrt | www.oravivillage.com)* oder per

Arbeitermuseum Tampere: Ohne Arbeiter wäre die Wirtschaft der Stadt nicht rund gelaufen

mas (So geschl. | Satamakatu 4 | Tel. 0175 810 4 58 | €€€). Am Dienstag und Donnerstag sollten Sie den **INSIDER TIPP** Rauchsaunaabend im ● *Flößercamp Jätkänkämppä (Juni–Aug. 16–22 Uhr | Sauna 11 Euro, Büfett 21 Euro | Katiskaniementie 8 | im Spa-Hotel Rauhalahti | Rauhalahti | Tel. 030 6 08 3100)* nicht verpassen. Eine solide Unterkunft mit Seeblick ist das *Kuopio Scandic Hotel (138 Zi. | Satamakatu 1 | Tel. 0 17 19 5 111 | www.scandichotels.com/kuopio | €€).* Auskunft: *Kuopio-Info (Kauppakatu 45 | Tel. 0 17 18 25 84 | kuopiotahko.fi)*

Taxiboot *(ab Porosalmi | 30 Euro Hin- und Rückfahrt | Tel. 040 5 56 0119).* Kurios sind die Gebäude **INSIDER TIPP** *Hakoapajan Aihkituvat (Ende Juni–Anf. Aug. tgl. 11–19 Uhr | Hakoapajantie 50 | Rantasalmi | www.porosalmi.net/hakoapaja)* aus 4000 Jahre altem Holz vom Boden des Sisäjärvi-Sees. Ein schöner Wohlfühlstopp ist das *Hotel & Spa Resort Järvisydän (22 Zi. | Porosalmentie 313 | Rantasalmi | Tel. www.jarvisydan.com/fi | €€),* wo Sie in einem in den Felsen eingelassenen See-Spabad relaxen und alle Viere von sich strecken können.

PUNKAHARJU ⭐ (135 E3) (𝄞 G11)

Der schmale, 7 km lange Landrücken Punkaharju in der gleichnamigen Gemeinde (3700 Ew.) ist als finnische Nationallandschaft geschützt und uneingeschränkt sehenswert. Kunstliebhaber finden im *Taidekartano Johanna Oras (Juni–Aug. tgl. 10–18 Uhr | Eintritt frei | Tuunaansaarentie 5 | www.johannaoras. com)* Inspiration. Die Bedeutung des Waldes für Finnland erklärt das *Forstmuseum Lusto (Juni–Aug. tgl. 10–19, sonst Di–So bis 17 Uhr | 10 Euro | Lustontie 1 | www.lusto.fi)*. Auskunft: *Touristeninformation Punkaharju (Forstmuseum Lusto | Tel. 0 15 34 51 00 | www.visitpunkaharju. fi)*

TAMPERE

(134 B3) (𝄞 D12) „Das grüne Herz Finnlands" wird die Seenplatte zwischen Vanajavesi und Näsijärvi auch genannt. Tampere (223 000 Ew.) ist ihr wirtschaftliches und kulturelles Zentrum.
Die Stadt war im 19. Jh. Vorreiter der Industrialisierung in Finnland. Den Anfang machte 1783 die erste Papierfabrik, es folgte 1820 die erste Baumwollfabrik und 1882 die erste Produktionsstätte für Glühbirnen. Heute sind in die alten Fabrikgebäude Theater, Restaurants und Museen eingezogen, die Backsteinfassaden der Industriedenkmäler verbreiten eine einzigartige Atmosphäre.

SEHENSWERTES

ARBEITERVIERTELMUSEUM (AMURIN TYÖLÄISMUSEOKORTTELI)

Nirgendwo in Finnland gab es im 19. Jh. eine so starke Arbeiterbewegung wie in Tampere. In 30 original eingerichteten Gebäuden können Sie dem Leben des Proletariats von 1880 bis in die 1970er-Jahre nachspüren. Angeschlossenes Café *Helmi (tgl. bis 18, im Winter bis 17 Uhr). Mitte Mai–Mitte Sept. Di–So 10–18 Uhr | 7 Euro | Satakunnankatu 49*

DOM (TUOMIOKIRKKO)

Die nationalromantische Kirche von Lars Sonck (1907) fällt mit ihren kunstvoll gesetzten, grauen Granitquadern auf. Ihre spitzen, roten Türme und Dächer sind das Wahrzeichen der Stadt, die bunten Glasfenster und die Innengestaltung gelten als Meisterwerke finnischer Symbolik. *Tgl. Mai–Aug. 10–17, Sept.–April 11–15 Uhr | Tuomiokirkonkatu 3*

FINLAYSON-FABRIKGELÄNDE

Industrielle Baudenkmäler gibt es etliche in Tampere. Wohl am beeindruckendsten sind die riesigen Hallen der ehemaligen Textilfabrik Finlayson. Wie passend, dass hier heute u. a. das *Arbeitermuseum Werstas (Työväen keskusmuseo Werstas) (Di–So 11–18 Uhr | Eintritt frei)* untergebracht ist. Die Kirche ließ der Quaker Finlayson eigens für seine Arbeiter errichten. Im englischen Park am Fluss steht der *Finlayson-Palast*, bis 1970 Wohnort der Farbrikmanager. Heute können Sie im Restaurant im Prunk der Neorenaissance speisen *(So/Mo geschl. | Finlaysoninkatu 4a | Tel. 0400 21 95 30 | www. finlaysoninalue.fi | €€).*

HIEKKA KUNSTMUSEUM

Das Museum zeigt eine feine Sammlung finnischer Gemälde, Gold- und Silberkunst sowie Jugendstilmöbel. *Di–Do 15–18, So 12–15 Uhr | 7 Euro | Pirkankatu 6 | www.hiekantaidemuseo.fi*

KALEVALA-KIRCHE UND STADTBIBLIOTHEK METSO

In Tampere stehen zwei Gebäude der Architekten Reima und Raili Pietilä. Der massive Betonbau der *Kalevala-Kirche (tgl. 11–15 Uhr | Liisanpuisto 1)* löste bei der Einweihung 1966 heftige Kontroversen aus. Den Grundriss bildet das christliche Symbol eines Fischs. Das Innere erhellen 18 schmale, hohe Fenster. Einziger Farbkontrast sind die Kirchenbänke aus Kiefernholz. Modell für den Grundriss der ● *Stadtbibliothek Metso (Mo–Do 10–19, Fr 10–18, Sa 10–16 Uhr | Pirkankatu 2)* von 1985 war der Auerhahn *(metso)*. Im dritten Stock können Sie finnische Musik hören.

MARKTHALLE
In der Jugendstil-Markthalle von 1901 finden Sie regional Köstliches *(Mo–Fr 8–18, Sa 8–16 Uhr | Hämeenkatu 19)*. Probieren Sie im beliebten Lunchbistro *4 Vuodenaikaa (So geschl. | Tel. 0 32 12 47 12 | €€)* diese Spezialitäten frisch zubereitet.

MUSEUMSZENTRUM VAPRIIKKI
Unter dem riesigen Dach der ehemaligen Tampella-Fabrik sind u. a. das Technologiemuseum, Museum für Naturgeschichte, Schuhmuseum, Eishockeymuseum, Mineralmuseum und wechselnde Ausstellungen untergebracht. Hier können Sie den ganzen Tag verbringen. *Di–So 10–18 Uhr | 10 Euro | Alaverstaanraitti 5 | www.vapriikki.fi*

GOPAL
Die leckeren, vegetarischen Gerichte gibt es an drei Orten, doch nur das Restaurant ist abends bis 20 Uhr geöffnet. Man zahlt nach Gewicht des ausgewählten Essens. *Tgl. | Rongankatu 6 | Tel. 04 40 40 09 60 | www.gopal.fi | €–€€*

OHRAJYVÄ
Seit 1965 ist der gemütliche Pub eine zuverlässige Adresse für traditionelle finnische Gerichte und ein gutes Glas Bier oder Wein. *Tgl. | Nasilinnankatu 15 | Tel. 0 32 12 72 17 | €€*

INSIDER TIPP RAVINTELI BERTHA
Finnische Gourmetküche mit Pfiff: Hier wählen Sie kein Gericht, sondern ein Angebot aus frischen, saisonalen Zutaten und lassen sich überraschen, was der Chef daraus macht. Reservierung empfohlen. *So/Mo geschl. | Rautatienkatu 14 | Tel. 0400 35 54 77 | www.bertha.fi | €€€*

VEIJON KOKKITYKKI
Ein beliebtes Fischrestaurant bei den Einheimischen. Frische Zutaten gekonnt zubereitet in freundlicher Bistro-Atmosphäre am Tammelantori-Marktplatz. *So geschl. | Kyllikinkatu 9 | Tel. 050 5 18 50 06 | €*

Tampere wurde zur ersten ◐ Fairtrade-Stadt Finnlands gekürt – überall in

---

LOW BUDGET

Freitags ist ● *Museumstag in Jyväskylä*, der Eintritt überall frei (Aalto-Museum: nur Sept.–Mai).

Frei ist der Zugang zum ● *Hatanpään arboretum (Hatanpään-Arboretum) (Hatanpään Puistokuja)* in Tampere, einer wunderschönen Anlage mit über 500 Pflanzenarten, Steingarten und duftenden Rosen.

Mehrbettzimmer im freundlichen *Dream Hostel (16 Zi. | Åkerlundinkatu 2a | Tel. 045 2 36 05 17 | dreamhostel.fi)* in Tampere gibt es ab 22 Euro (DZ ab 62 Euro).

Einkaufen im Jugendstilambiente: die Markthalle von Tampere

der Stadt werden fair gehandelte Produkte angeboten. Junge Mode verkauft die **INSIDER TIPP** *Finnish Designers Boutique (Hatanpään valtatie 6 | 6Lh6 | www.onemanband.fi)*. Brillenmode aus Holz gibt es u. a. bei *Citykatse*, wo Brillen der in Tampere ansässigen Werkstatt von *Kraakraa (www.kraakraa.fi)* geführt werden. Und der Shop von *Finlayson (Kuninkaankatu 3 | www.finlayson.fi)* ist seit 1923 Spezialist für Gewebtes.

FREIZEIT & SPORT

NATIONALPARKS SEITSEMINEN UND HELVETINJÄRVI

Nördlich von Tampere bildet der Näsijärvi ein weitläufiges Seengebiet. Dort liegen diese kleineren Nationalparks: Im *Seitseminen* (42 km²) führt ein gut beschilderter Rundweg (8 km) durch Urwälder, Moore und Teichlandschaften. Die Höllenkluft *(Helvetinkolu)* gab dem *Helvetinjärvi-Park* (30 km²) seinen Namen: Am Grund einer tiefen Schlucht wartet ein Badesee. Ein Wegenetz von 40 km Länge führt durch den Park. Infos: *www.outdoors.fi*

PYYNIKKI UND PISPALA

Die höchste Endmoräne Europas erhebt sich südwestlich des Zentrums, am Nord ufer des Pyhäjärvi-Sees. 85 m ragt *Pyynikki* über den Meeresspiegel. Waldreich ist die Moräne und steil. Oben gibt es einen ❊ *Aussichtsturm (tgl. 9–20 Uhr)* mit Café, westlich schließt sich das alte Arbeiterviertel *Pispala* an. Durch die schmalen Gassen zwischen den Holzhäusern erreichen Sie die älteste öffentliche Holzsauna Finnlands: Die *Rajaportin Sauna (Mo/Mi 18–22, Fr 15–21, Sa 14–22 Uhr | 5 bzw. 8 Euro | Pispalan valtatie 9 | www.pispala.fi/rajaportinsauna)* ist seit 1906 im Betrieb. Danach noch auf ein Bier ins nostalgische Lokal *Pispalan Pulteri (tgl. | Pispalan valtatie 23 | Tel. 0 32 12 52 11 | www.pispalanpulteri.fi | €€)*.

SÄRKÄNNIEMI

Am Näsijärvi-See steht das Tivoli von Tampere: Die Achterbahnen, Karussells und Wasserrutschen des Vergnügungsparks Särkänniemi sind im Sommer ab 12 Uhr geöffnet. Ganzjährig zugänglich sind Delfinarium, Aquarium und Planetarium. Auf dem ebenfalls ganzjäh-

Die „Burg von Häme": vom Kastell zur gotischen Backsteinburg

rig geöffneten Aussichtsturm rotiert ein ☀ *Drehrestaurant (im Sommer tgl. 11–23 Uhr | €€€).* Von hier oben haben Sie den schönsten Ausblick über die Seenlandschaft, in die Tampere eingebettet liegt. Auf dem Parkgelände finden Sie auch das ausgezeichnete *Kunstmuseum Sara Hildén (Sommer tgl. 10–18, sonst Di–So 10–18 Uhr | 10 Euro | Laiturikatu 1 | www.tampere.fi/sarahilden.html).* Neben wechselnden Ausstellungen unbekannter Künstler gibt es moderne Meister wie Klee, Bacon und Picasso zu sehen. Auskunft: *www.sarkanniemi.fi*

VIIKINSAARI

Das bewaldete Inselchen im Pyhäjärvi-See ist das beliebteste Naherholungsgebiet von Tampere. Strände und Grillplätze, Wanderpfade und Kinderspielplätze, Saunas und Bootsverleih: alles da. Auf der Tanzbühne wird im Sommer mit Humppa-Musik und Walzerklängen das Wochenende eingeläutet. *Bootsverbindung Juni–Anf. Aug. Di–Sa ab 10, So ab 12 Uhr stündl. vom Laukontori-Kai | www.hopealinja.fi*

ÜBERNACHTEN

HOTELLI VILLE

Ein freundliches, sauberes Selbstversorgerhotel mit freien Parkplätzen, Internet und Wohnzimmer „Ville". *18 Zi. | Hatanpään valtatie 40c | Tel. 044 5 00 20 88 | hotelliville.fi | €*

SOKOS HOTEL TAMMER

Das drittälteste Hotel Finnlands atmet Geschichte und Grand-Hotel-Flair mit Mobiliar im Stil der 20er-Jahre. Mit Bibliothek Vihtori und Mannerheim-Suite. Das denkmalgeschützte Gebäude liegt im Park am Tammerkoski-Fluss. *87 Zi. | Satakunnankatu 13 | Tel. 02 01 23 46 32 (*) | short.travel/fin19 | €€–€€€*

SOLO SOKOS HOTEL TORNI

Mit 88 m und 25 Stockwerken ist es das höchste Hotel Finnlands und ganz neu. Tolle Aussicht, zentrale Lage, modernes Design und professioneller Service. *305 Zi. | Ratapihankatu 43 | Tel. 02 01 23 46 34 (*) | www.sokoshotels. fi | €€*

AUSKUNFT

TOURISTENINFORMATION TAMPERE
Hämeenkatu 14b | Tel. 03 56 56 68 00 | www.visittampere.fi

ZIELE IN DER UMGEBUNG

INSIDER TIPP FRANTSILA-KRÄUTERGARTEN (135 B3) (*D12*)
Der älteste Kräuterhof Finnlands (38 km entfernt) betreibt ein vegetarisches Café mit Garten, Verkauf und Sommerterrasse am Flussufer in Hämeenkyrö *(tgl. | Yrjö-Koskisentie 1 | www. frantsilankehakukka.fi/matkailusivut).* Im Spa ● *Frantsilan Hyvän Olon Keskus (Kyrös pohjantie 320 | Tel. 040 5 91 87 42 | www.frantsilanhyvanolonkeskus.fi)* können Sie sich mit Shiatsu, Moorpackungen sowie Kräutersauna verwöhnen lassen. Auch *kalevalainen jäsenkorjaus,* die traditionelle finnische „Gliederkorrektur", ist im Angebot.

HÄMEENLINNA (134 B4) (*E13*)
Im Sommer bringen Sie die Schiffe der *Silberlinie* von Tampere in die 80 km entfernte Stadt (680 000 Ew.), wo der Komponist Jean Sibelius 1865 das Licht der Welt erblickte, im heutigen *Jean-Sibelius-Geburtshaus (Sibeliuksen syntymäkoti) (tgl. Mai–Aug. 10–16, sonst 12–16 Uhr | 5 Euro | Hallituskatu 11).* Die imposante „Burg von Häme" *Hämeen linna (tgl. Juni–Mitte Aug. 10–17, Mai 10–16, sonst Di–So 10–16 Uhr | 8 Euro | Kustaa III:n katu 6)* gab der Stadt ihren Namen. Erholung in der Natur finden Sie im *Naturschutzpark Aulanko (www.aulanko.fi).*

Golffans treffen sich am hochherrschaftlichen Hotel INSIDER TIPP *Vanajanlinna (www.vanajanlinna.fi).*

IITTALA (134 B4) (*E13*)
Im Dörfchen Iittala (55 km entfernt) begann 1881 die Erfolgsgeschichte finnischen Glasdesigns. In der Glasfabrik werden u. a. die berühmten Aalto-Vasen produziert. Von Mitte August bis Mitte Juli können Sie Glasbläsern bei der Arbeit zuschauen *(Führungen nur mit Anmeldung | Könnölänmäentie 2c | Tel. 02 04 39 62 30 (*)).* Angeschlossen ist ein *Glasmuseum (Mai–Aug. Di–So 11–17, Sept.–April Sa/So 11–17 Uhr | 4 Euro)* mit Werksverkauf.

PURNU (134 B3) (*E12*)
Das Sommeratelier (40 km entfernt) des Bildhauers Aimo Tukiainen (1917–96) ist heute ein landesweit geschätztes Kunstzentrum. Neben der Dauerausstellung sind im Sommer Werke moderner Künstler zu sehen. Die *Rauchsauna* am See ist montags und freitags im Eintrittspreis enthalten. *Mitte Juni–Anf. Aug. tgl. 11–18 Uhr | 11 Euro, unter 18 J. Eintritt frei | Mustasaari 63 | Orivesi | Tel. 040 9 67 88 20 | www.purnu.fi*

SILBERLINIE UND DICHTERWEG
In Tampere beginnen zwei schöne Kreuzfahrten. Die weißen Schiffe der *Silberlinie (90 Euro hin und zurück | Tel. 01 04 22 56 00 (*) | www.hopealinja.fi)* starten morgens am Laukontori-Kai und fahren Di, Do und Sa bis Hämeenlinna. Die Rückreise mit dem Bus ist möglich, eine Reservierung empfiehlt sich.
S/S Tarjane schippert auf dem *Dichterweg (runoilijan tie) (www.runoilijantie. fi)* vom Mustalahti-Kai in acht Stunden bis nach Virrat durch eine vielbesungene Landschaft. *60 Euro Tampere–Virrat, Rückfahrt zum halben Preis*

OSTFINNLAND

Im Norden der finnischen Seenplatte geht der Flickenteppich aus Wäldern und Seen über in ein Meer aus Baumwipfeln. Ein Naturgenuss besonderer Art wartet auf Besucher, die die Landschaft von Kainuu, Nordkarelien und Koillismaa erkunden.

Hier sind die Bären zu Hause, ebenso Elche, Luchse und auch Wölfe. Wirtschaftlich gilt das Gebiet als strukturschwach, ökologisch ist es eine Schatzkiste. Auch im Boden lagern Schätze und werden abgebaut: Gold, Nickel, Zink, Kupfer und sogar Diamanten. Der Landstrich an der Grenze zu Russland ist dünn besiedelt. Dörfer und Gehöfte liegen weit auseinander und die riesigen Wälder und Moore sind Heimat vieler seltener Tiere und Pflanzen. Am nordöstlichsten Rand der EU liegt das Zentrum des orthodoxen Glaubens in Finnland. Hier ist immer Platz geblieben für Geschichten, die man sich in der Stille erzählt. Der Osten ist auch die mythische Wiege Finnlands: Hier ist das Nationalepos Kalevala zu Hause.

KAINUU

Für viele Reisende ist die unendliche Waldlandschaft von Kainuu Transitstrecke in Richtung Norden. Damit verpassen sie womöglich genau das, wonach sie suchen: Wildnis und Stille, wie sie nur fernab der Zivilisation möglich ist. In Kainuu liegt der fünftgrößte See Finnlands, der Oulujärvi-See. Im 19. Jh. lie-

Zu Besuch bei Wolf und Luchs: In den weiten Wäldern von Kainuu und Nordkarelien erleben Sie die wilde Kraft der Natur

ferten die Wälder Kainuus den Teer für die Schiffsflotten Europas. Das „schwarze Gold" wurde in mit Fässern beladenen Teerbooten bis nach Oulu transportiert. Heute wird in Kainuu Gold und Nickel gewonnen, doch die Wälder sind selbst vielen Finnen zu einsam, sie ziehen in den Süden. Deshalb ist die Region ein Paradies für Wildnisfreunde, Naturfotografen und tur Menschen auf der Suche nach Abgeschiedenheit. Im Winter lockt das Skigebiet *Vuokatti* Tausende ins Schneevergnügen.

SEHENSWERTES

KAJAANI (137 E4) *(F9)*
Die größte Stadt Kainuus (37 700 Ew.) wurde 1651 am Kajaani-Fluss zwischen den Seen Oulujärvi und Nuasjärvi gegründet. Hier lebte Elias Lönnrot, der 1835 das Nationalepos Kalevala veröffentlichte. Der Teerkanal von 1846 am *Karoliinenpark* erinnert an die Zeit der Teertransporte, die *Burgruine* an die Konflikte mit Russland. Drei erstaunliche Kirchen finden sich in der Region: Die *Ka-*

jaani-Kirche (Juni–Aug. tgl. 10–20 Uhr | Kirchenkatu 19) (1896) aus Holz zählt zu den schönsten neugotischen Gebäuden Finnlands. Die *Bilderkirche von Paltaniemi* (Mitte Mai–Mitte Aug. 10–18 Uhr | Paltaniementie 85) zeigt Wandmalereien aus dem 18. Jh. Eine einzigartige *Jugendstilkirche* steht in Vuolijoki Die *Bäckerei Pekka Heikkinen* (So geschl. | Välikatu 7 | www.pekkaheikkinen.com)

Die Elias-Kirche von Ilomantsi liegt im Herzen Nordkareliens

backt im 100-jährigen Holzofen. Im *Café Murunen* (So geschl. | Kauppakatu 7 | Tel. 045 77 32 21 85 | €) findet jeder etwas: Kuchen, Salat und Brunch am Samstag. Das Mittagsrestaurant *Sirius* (Mo–Fr 12–15 Uhr | Brahenkatu 5 | Tel. 0 86 12 20 87 | €) kocht in einer „Funkis"-Villa (d. h. eingerichtet im funktionalistischen Stil à la Alvar Aalto & Co.) am Fluss. Alle drei Hotels sind Standardhotels. ☙ *Scandic Kajanus* (191 Zi. | Koskikatu 3 | Tel. 0 86 16 41 |

www.scandichotels.fi/kajanus | €€) hat Schwimmbad mit Sauna und Seeblick. Drei *mökkis* am Oulujärvi-See sowie Kajakverleih, Angelkurs und Ausritte finden Sie bei *Luonnollisesti* (Rikulantie 10 | Tel. 050 3 40 30 13 | www.luonnollisesti.fi | €€).

Auskunft: *Kajaani Touristoffice* (Pohjolankatu 13 | Tel. 08 61 55 25 55 | www.visitkajaani.fi)

KUHMO (137 F5) (*⌘ G9*)

Das Städtchen (9000 Ew.) ist bekannt durch die *Kammermusikfestspiele Kuhmo* (s. S. 116) und das *Infozentrum Juminkeko* (Mo–Fr 12–18 Uhr, Juli tgl. | Kontionkatu 25 | www.juminkeko.fi), das auf moderne Weise das Nationalepos Kalevala und die karelische Kultur erklärt. Komfortabel und mit Seeblick übernachten Sie im trutzigen ☙ *Hotel Kalevala* (47 Zi. | Väinämöinen 9 | Tel. 08 65 51 00 | www.hotellikalevala.fi | €€).

3 km außerhalb des Zentrums erfahren Sie im ● *Petola-Naturzentrum* (Mitte Juni–Mitte Aug. tgl. 9–17, Mai–Okt Mo–Fr 9–16 Uhr | Lentiirantie 342 | Tel. 0400 8 25 60 60) Wissenswertes über die Raubtiere Bär, Luchs, Wolf und Vielfraß, die sich hier im Grenzgebiet besonders wohlfühlen. Wer die Raubtiere in der Natur erleben will, hat auf einer INSIDER TIPP Fotosafari (25 Euro p. Pers. | www.articmedia.fi) mit dem Naturfotografen Lassi Rautianinen beste Chancen auf spektakuläre Fotos. Weitere Anbieter bei www.wildtaiga.fi.

INSIDER TIPP STILLES VOLK (HILJAINEN KANSA) (137 E3) (*⌘ G8*)

63 km nördlich von Suomussalmi erwartet Reisende eine merkwürdige Begegnung: Wie dahingezaubert taucht ein nahezu tausendköpfiges Volk am Straßenrand auf. Die Gestalten tragen Heufrisuren, an denen der Wind zerrt, Klei-

der hängen an ihren Körpern, die aus einfachen Holzkreuzen bestehen. Je nach Wetterlage wirkt das Stille Volk mürrisch, fröhlich oder nachdenklich. Und immer möchte man meinen, es lebt. Was es bedeutet? Der Künstler Reijo Kela schweigt hierzu. Ein Indiz immerhin: Die Heimat des stillen Volks wurde während des Zweiten Weltkriegs hart umkämpft. *Wiesencafé (Juni–Mitte Aug. tgl. 10–17, Juli tgl. 9–18 Uhr)* mit Holzfeuer und Souvenirs nebenan.

NORD-KARELIEN

Das historische Karelien zwischen Ostsee und Weißem Meer war jahrhundertelang Zankapfel zwischen Russen, Schweden und Finnen. Seit dem Zweiten Weltkrieg gehören nur noch Nord- und Südkarelien, das Gebiet um Lappeenranta, zu Finnland.

Vor allem die mythischen Orte und Geschichten der Karelier sind im Nationalepos Kalevala festgehalten, bis heute ein Werk mit großer Bedeutung für das finnische Volk.

SEHENSWERTES

ILOMANTSI (135 F2) (*⌕ H10*)
In der östlichsten Gemeinde Finnlands (5600 Ew.) liegt das ● Runensängerdorf *Parppeinvaara (Juni u. Aug. 11–17, Juli 10–18 Uhr | 7 Euro | Parppeintie 4c | www. parppeinvaara.fi),* ein Freilichtmuseum für karelische Kultur und Tradition. Für Besucher erklingen Volksweisen auf der Kantele – der finnischen Zither, bekannt durch die Kalevala. Das *Restaurant Parppeinpirtti (Juni–Aug. tgl., sonst Sa geschl. | Tel. 01 02 39 99 50 (*) | €€)* bietet karelische Spezialitäten am Mittagsbü-

fett und à la carte. Mit sechs Zwiebeltürmen ist die *Elias-Kirche (Mitte Juni–Mitte Aug. tgl. 11.30–17.30 Uhr | Kirkkotie)* die größte orthodoxe Holzkirche Finnlands. Edle Spirituosen genießen Sie bei schöner Aussicht im ☼ Turmrestaurant des Beerenweinguts *Hermanni (Juli tgl., Juni u. Aug. So geschl., Sonst Sa/So geschl. | Käymiskuja 1 | Tel. 02 07 78 92 30 (*) | www.hermanninviinitila.fi | €–€€).* Auf dem Bauernhof *Anssila Maatila (32 Betten | Anssilantie 7 | Tel. 040 5 43 15 26 | www.anssila.fi | €)* gehen Sie mit Hund, Schaf und Katze schlafen. Auskunft: *Karelia Expert (Kalevalantie 13 | Tel. 0400 24 00 72 | www.visitkarelia.fi)*

JOENSUU (135 F2) (*⌕ G11*)
Die größte Stadt Nordkareliens (75 000 Ew.) liegt idyllisch an der Mündung des Pielinen-Flusses in den Pyhäselkä-See. Sie ist Wirtschaftszentrum und Universitätsstadt mit Theater, Kunstmuseen und ehrgeizigen Bauprojekten. Die alten Holzhäuser im Zentrum bewohnt das hübsche **INSIDER TIPP** *Kunsthandwerkzentrum Taitokortteli (Juli tgl., sonst Mo–Sa | Koskikatu 1 | www.taitokortteli. fi)* mit Café, Shops und Weberei. Das

---

MARCO POLO HIGHLIGHTS

★ **Koli-Nationalpark**
Grandiose Aussicht vom Felsen Ukkokoli → S. 84

★ **Uusi-Valamo**
Das Kloster ist ein Zentrum des orthodoxen Glaubens in schöner Umgebung → S. 85

★ **Oulanka-Nationalpark**
Bären, Wölfe und Adler im berühmtesten Wildnisparadies Finnlands → S. 86

Die Aussicht vom Berg Ukkokoli ist überwältigend

Nordkarelien-Museum (Pohjois-Karjalan Museo) (Mo–Fr 9–17, Sa/So 10–15 Uhr | 5 Euro | Koskikatu 5) bewahrt und erklärt karelische Geschichte und Kultur in Ausstellungen, Tonaufnahmen von Runengesängen, Trachten und Photos.

Teatteriravintola (So geschl. | Rantakatu 20 | Tel. 01 02 31 42 50 (*) | €€) im imposanten Stadthaus von 1914 serviert traditionelle und internationale Gerichte. Die karelische Gourmetvariante erhalten Sie im **INSIDER TIPP** *Kielo (So geschl. | Suvantokatu 12 | Tel. 013 22 78 74 | €€–€€€)*. Gemütlich im Holzhaus sitzen Sie in der *Surakan Baari (Mo geschl. | Rantakatu 11–13 | Tel. 050 4 42 04 85 | €)*. Spazieren Sie zu Fuß an der lutherischen Kirche vorbei zur Flussmündung oder machen Sie eine Kreuzfahrt auf dem See mit der *M/S Vinkeri II. (tgl. 12, 15 u. 18 Uhr | 15 Euro | Rantakatu 2 | Tel. 050 5 66 08 15)*. Das ♻ *Greenstar Hotel (82 Zi. | Torikatu 16 | Tel. 01 04 23 93 90 (*) | www.greenstar.fi | €)*

im Niedrigenergiegebäude hat automatischen Check-in, skandinavische Einrichtung und Frühstück auf Bestellung. Neue Ferienwohnungen am See finden Sie am Campingplatz *Linnunlahti (18 FW | Linnunlahdentie 1 | Tel. 01 06 66 55 20 (*) | www.linnunlahti.fi | €€)*.

Auskunft: *Carelicum (Koskikatu 5 | Tel. 0400 23 95 49 | www.visitkarelia.fi)*

JUUKA (137 F6) (*M* G10)

In Juuka wird Speckstein abgebaut und zu edlen Kachelöfen verarbeitet. Geologische Ausstellungen, Souvenirs und ein Restaurant finden Sie direkt an der E6.
Mo–Fr 9–16, Juli 9–17 u. Sa 10–15 Uhr | Kuhnustantie 10 | www.kivikyla.fi

KOLI-NATIONALPARK ★
(137 F6) (*M* G10)

Die bewaldete Hügelkette um den Felsengipfel *Ukkokoli* (347 m) mit Blick über den Pielinen-See bis nach Russland ist als finnische Nationallandschaft geschützt, die Aussicht aus den Zimmern des Hotels ☆ *Koli (75 Zi., 27 Hütten | Ylä-Kolintie 39 | Tel. 02 01 23 46 62 (*) | €€–€€€)* und von der Liege in dem Hotel angeschlossenen ● ☆ *Koli Relax Spa (www.kolirelaxspa.fi)* ist beeindruckend. Ein Besucherzentrum informiert über den Park. Im Winter ersetzt eine Eisstraße über den zugefrorenen See die Fähre nach Lieksa. Auskunft: *Koli-Info (Ylä-Kolintie 2 | Koli | Tel. 045 138 74 29 | www.koli.fi)*

LIEKSA *(137 F6) (ᗰ G10)*

Die großflächige Landgemeinde (12 000 Ew.) bietet Naturerlebnisse in Hülle und Fülle. Die wichtigste Sehenswürdigkeit vor Ort ist das *Freilichtmuseum Pielinen (Mitte Mai–Mitte Sept. tgl. 10–18, sonst Di–Fr 10–15 Uhr | 5 Euro | Pappilantie 2)* auf einer Halbinsel im Fluss. 70 Gebäude aus drei Jahrhunderten zeigen, wie die Karelier einmal lebten – vom Flößer bis zum Großbauern.

25 km östlich des Zentrums verwandelt sich der Lieksanjoki in die Wildwasser der *Ruunaa-Stromschnellen*. Das angrenzende Erholungsgebiet ist beliebt bei Kanuten, Anglern und Wanderern. Informationen, Boote und Unterkünfte im *Ruuna-Besucherzentrum (Neitikoskentie 47 | Pankakoski | Tel. 0 13 53 31 70 | www.ruunaa.fi)*.

Ebenfalls noch innerhalb der Gemeindegrenzen, 30 km südlich im Dorf Paateri, stehen **INSIDER TIPP** Wohnhaus und Werkstatt der bekannten Bildhauerin Eva Ryynänen (1915–2001). Die zarte Frau schuf Skulpturen aus riesigen Baumstämmen, die sie aus Russland importierte. Tierskulpturen, Szenen und Personen aus der finnischen Mythologie sowie ihr größtes Werk, eine Holzkirche mit Baumwurzelaltar, sind hier zu besichtigen: *Ryynäsen Ateljee (Mitte Mai–Mitte Sept. tgl. 10–18 Uhr | 5 Euro | Paateri 21 | Vuonisjärvi bei Lieksa)*.

UUSI-VALAMO ★ *(135 E2) (ᗰ G11)*

Etwa 200 Mönche flüchteten im Winterkrieg 1940 aus ihrem Kloster auf der Insel Valaam im Ladogasee und gründeten im finnischen Heinävesi „Neu-Valamo". Die Anlage mit ihren vergoldeten Zwiebeltürmen ist ein wichtiges Zentrum des orthodoxen Glaubens in Finnland. Über 150 000 Besucher kommen jährlich, um an Gottesdiensten *(4-mal tgl.)* teilzunehmen, die Kunstschätze zu besichtigen oder Kurse zu besuchen. Das Restaurant *Trapesa (tgl. 7.30–21 Uhr | €)* ist beliebt, im Juli ist ein russischer Teetisch gedeckt *(tgl. 18–21 Uhr | €)*. Die Mönche vermieten einfache Unterkünfte, verkaufen u. a. Beerenwein, Musik, Ikonenbilder und *tuohus*-Kerzen. Auch das benachbarte Nonnenkloster *Lintula* können Sie besichtigen. Das Boot auf Tour durch die wunderschönen Kanäle bei Heinävesi mit *M/S Pujo* (s. S. 73) legt auf seinem Weg von und nach Kuopio am Karvio-Steg an. *Kloster Valamo (tgl. | Eintritt frei, Führungen 6 Euro | Valamontie 42 | Tel. 0 17 57 01 11 | www.valamo.fi); Kloster Lintula (Juni–Aug. tgl. | Honkasalontie 3 | Palokki)*

NORDOSTEN

In den Weiten des Nordostens verlieren sich die Menschen. Noch ist hier unverfälschter Naturgenuss möglich, doch der geplante Abbau von Uran, Gold und Kupfer beunruhigt die durch den Oulanka-Nationalpark bekannte Region.

Der Nordosten *(koillismaa)* grenzt an Lappland. Klima und Landschaft sind bereits sehr nordisch, die Nächte im Sommer sind unglaublich hell, die Monate ab Oktober schneereich und bitterkalt. Am schönsten ist ein Besuch, wenn die Mückenplage ab Mitte August abklingt und die Laubfärbung *ruska* beginnt.

SEHENSWERTES

INSIDER TIPP AUTTINKÖNGAS
(137 D2) *(∅ F6)*

Der Rundweg im Naturschutzgebiet bei Pernu führt am 16 m hohen namensgebenden Wasserfall vorbei durch einen der seltenen, echten Urwälder Finnlands in einer zerklüfteten Felslandschaft. Im Café *Auttinpirtti (Juni/Juli tgl.)* entspannen Sie.

JULMA ÖLKKY **(137 E2)** *(∅ G7)*

50 m tief fallen die Klippen ab, die den Schluchtensee Julma Ölkky einrahmen. Das 3 km lange Gewässer ist an seiner schmalsten Stelle nur 20 m breit, an seiner tiefsten reicht es 40 m hinab. Über den Wasserfällen im Ostteil bricht sich das Licht. Geführte Bootstouren über den See: *Tgl. Mitte Juni–Mitte Aug. 10–19, bis Ende Aug. 10–16 Uhr | 14 Euro | www.julmaolkky.fi*

KUUSAMO **(137 E2)** *(∅ G7)*

Die größte Stadt (15 800 Ew.) im Nordosten ist mit drei Nationalparks gesegnet: Oulanka, Syöte und Riisitunturi. Haupt-

saison für Erholung in der Natur ist im Winter, wenn Tausende das Wintersportzentrum Ruka besuchen. Sehenswert sind die Fotos des berühmten Naturfotografen Hannu Hautala im INSIDER TIPP *Zentrum für Naturfotografie (Mo–Fr 9–17, Sa 10–14, Juli–Sept. auch So 12–16 Uhr | 5 Euro | Infozentrum Karhuntassu | Torangintaival 2).* Gutes Mittagessen gibt es bei *Kahvila Vintti (Mo–Fr 8–15 Uhr | Oulruntaival 1 | Tel. 040 5 78 34 35 | www.kahvilavintti.fi).* Hotel *Rukatonttu (16 Zi., 36 FW | Hiihtostadionintie 1 | Tel. 040 199 11 00 | www.rukatonttu.fi | €–€€)* ist gepflegt mit guter Küche. Im INSIDER TIPP *Kuusamon Suurpetokeskus Oy (Mai–Sept. tgl. 10–17 Uhr | 10 Euro | Keronrannantie 31 | über die 5/E 63 | Tel. 08 86 17 13 | www.kuusamon-suurpetokeskus.fi)* ist Sulo Karjalainen (73 J.) legendärer Ziehvater für verwaiste Bären.

OULANKA-NATIONALPARK ★ ●
(137 E–F1) *(∅ G6)*

Die eiszeitliche Flusslandschaft des Oulanjoki mit Wasserfällen, Schluchten und flechtenbehangenen Urwäldern ist

das berühmteste Wildnisparadies Finnlands. Auf geführten Touren *(www.finnature.com)* beobachten Sie u. a. Wölfe, Bären, Adler und seltene Vogelarten.

Die bekannteste Wanderroute des Parks ist die *Bärenrunde (karhunkierros) (80 km | Dauer ca. 5 Tage | 7 Wildnishütten zum Übernachten)*. Sie ist kein Rundweg, ist gut ausgeschildert und führt durch unberührte Schluchtwälder und vorbei an Stromschnellen und Wasserfällen. Der Rundweg *Kleine Bärenrunde (pieni karhunkierros)* ist mit 12 km Länge ein angenehmer Probelauf. Im September, zur Zeit der leuchtenden Herbstfärbung *ruska*, ist der Park besonders schön. Ideale Startpunkte für Wanderungen sind das Wildnishotel *Basecamp Oulanka (9 Zi. | Myllykoskentie 30 | Juuma | Tel. 040 50 97 41 | €€–€€€)* und das *Naturzentrum Oulanka (Liikasenvaarantie 132 | Liikasenvaara | Tel. 040 7 32 56 15 | www.outdoors.fi | €€)* mit Kiosk, Café und Hüttenvermietung. Ein leicht begehbarer Weg (1 km) führt zu den rauschenden *Kiutaköngäs-Stromschnellen.* Info: *www.outdoors.fi*

INSIDER TIPP ▶ **POSIO** (137 E2) *(Ø F7)*

Die Gemeinde (3600 Ew.) beherbergt die nördlichste Keramikfabrik der Welt. Im Keramikzentrum *Pentikmäki (tgl. | Eintritt frei | Maaninkavaarantie 4a | Tel. 02 07 22 03 30 (*) | www.pentik.com)* finden Sie Ausstellungen, Shop und Café. Die 30 km lange, urwüchsige *Korouoma-Schlucht (www.outdoors.fi/en/korouoma)* begeistert im Sommer Wanderer mit schroffen Felswänden, Urwäldern und den Mäandern des Korojoki-Flusses. Im Winter ist die Region ein Paradies für Eiskletterer.

RUKA (137 E2) *(Ø G7)*

Mit 29 Pisten, einer Weltcup-Buckelpiste, über 500 km Loipe sowie vielen Ferienhütten, Restaurants und Dienstleistungen gehört Ruka zu den großen Skiresorts in Finnland. Im Sommer führt eine 1000 m lange Sommerrodelbahn ins Tal und Ruka wird zum Mekka für Mountainbiker, Wanderer und Paddler. Weitere Angebote: Wildwasserfahren und Angeltouren. *Ruka Info (Rukatunturintie 9 | Kumpare | Tel. 0 88 60 02 50 | www.ruka.fi)*

Macht Lust auf den Winter: die herrliche Landschaft von Ruka im Morgenlicht

LAPPLAND

Eine herbe Naturschönheit im hohen Norden, das ist Lappland. Der größte Teil liegt nördlich des Polarkreises und ist mit nur 184 000 Einwohnern extrem dünn besiedelt. Bis zum Horizont erstrecken sich Wälder und feuchte Niederungen, überragt von rundlichen Felshügeln, den Fjells.

Acht Monate im Jahr beherrschen Eis und Schnee das Leben in Lappland. Hier vor allem sind in dunklen Winternächten Polarlichter am Himmel zu sehen. Wenn ab Februar die Tage länger werden, bereisen Tausende mit Motorschlitten, Rentier- oder Hundegespann und auf Skiern die Schneelandschaft. Der Sommer beginnt Mitte Juni und endet Anfang September mit der feurigen Laubfärbung *ruska*. Wanderer, Kanuten, Angler und Goldsucher trotzen dann den Mückenschwärmen, um die letzte große Wildnis Europas hautnah zu erleben.

INARI

(139 D3) (*ØØ F3*) Die flächenmäßig größte Gemeinde Finnlands ist mit nur 6700 Einwohnern auch die am dünnsten besiedelte. Der namensgebende Inari-See, drittgrößter See Finnlands, ist doppelt so groß wie der Bodensee und ist übersät mit 3000 Inseln. Für die Samen ist er ein Heiligtum.

30 Prozent der Bevölkerung sind Samen. Sie leben vom Fischfang, der Rentierzucht und dem Tourismus. Ivalo ist durch den Flughafen das Zentrum der Gemein-

Im Land der Mitternachtssonne: Der Zauber Lapplands liegt in der endlos scheinenden Weite und in der Unberührtheit der Natur

de. Im Ort Inari tagt im *Sajos-Kulturzentrum* das Sami-Parlament. Bei Familien ist das Skiresort in *Saariselkä* sehr beliebt.

SEHENSWERTES

SIIDA-SÁMI-MUSEUM ⭐
Das Museum erklärt Geschichte, Lebensweise und Kultur der *samí* und bewahrt Gebäude, Tierfallen und Alltagsgegenstände. Schöne Souvenirs und Wanderkarten. Im *Restaurant (Juni–Sept. tgl. 9–19, Okt.–Mai Di–So 10–17 Uhr | Inarin-tie 46 | 10 Euro | www.siida.fi | €–€€)* gibt es gute Fischgerichte. Im gleichen Gebäude: das *Nordlappland-Naturzentrum. Juni–Mitte Sept. 11–17 Uhr*

ESSEN & TRINKEN

LAANILAN KIEVARI
Hier wird mit viel Herz gekocht. Mittagsbüfett, à la Carte mit Tischreservierung. *Tgl. | Rovaniementie 3410 | Saariselkä | Tel. 0400 23 98 68 | www.laanilankievari. fi | €€–€€€*

Den Lemmenjoki-Nationalpark können Sie auch mit dem Boot erkunden

NUTUKAS

Gemütliches Café und Mittagsrestaurant in einem alten Bankgebäude, das Büfett ist gut und günstig. *So geschl. | Ivalontie 2 | Ivalo | Tel. 040 162 25 99 | €*

FREIZEIT & SPORT

Neben Wanderungen unter der Mitternachtssonne sind Bootsfahrten und Angelausflüge auf dem Inarisee im Sommer populär, Huskytouren und Eisangeln im Winter *(www.auroralaplandtravel.fi)*.

ÜBERNACHTEN

HOTEL INARIN KULTAHOVI ☼

Hotel in Familienbesitz. Im Ufergebäude alle Zimmer mit Flussblick. Gutes Restaurant mit regionaler Küche. *45 Zi. | Saarikoskentie 2 | Inari | Tel. 0165 11 71 00 | www.hotelkultahovi.fi | €€–€€€*

VILLA LANCA B & B

Kreativ eingerichtete Holzvilla eines finnisch-samischen Paares. *2 Zi., 3 App. | Kittilän Ratsutie 2 | Inari | Tel. 0400 81 44 24 | www.villalanca.com | €€*

AUSKUNFT

TOURISTENINFORMATION

Inari: *Siida Museum | Inarintie 46;* Ivalo: *Ivalontie 10 | Tel. 040 168 96 68;* Saariselkä/Kiehinen: *Kelotie 1 | Tel. 040 168 78 38 | www.saariselka.fi*

ZIELE IN DER UMGEBUNG

BOOTSTOUR AUF DEM LEMMENJOKI ★ (139 D3) *(ﾍ E4)*

Zur Zeit des Goldrauschs in den 1870er-Jahren brachten die *sámi* in ihren Langbooten Goldsucher den Lemmenjoki-Fluss hinauf zu den Schürfgebieten. Damals fand eine Expedition in zwei Wochen 2 kg Gold. Heute liegt das Gebiet im riesigen *Lemmenjoki-Nationalpark*. Auch wenn es noch Goldsucher gibt, befördern die Samen heute vor allem Besucher durch das unberührte Flusstal bis zum *Ravadasköngäs-Wasserfall* oder zur alten Goldgräberhütte *Hamina*. Bootsfahrten, Goldwaschen, Übernachtungen: *Café Ahkuntupa (Mitte Juni–Mitte Sept. tgl. | Njurguilahti, 45 km südl. von Inari | Tel. 016 67 34 35 | www.ahkuntupa.fi)*

URHO-KEKKONEN-NATIONALPARK
(139 E4) (*Ⅲ F4*)

Der zweitgrößte Park an der russischen Grenze erinnert an den begeisterten Wanderer Urho Kekkonen, der Finnland über 25 Jahre als Staatspräsident regierte. Infos und Vermietung von Wildhütten bietet das *Besucherzentrum Koilliskaira (Tankavaarantie 11b | Tel. 02 05 64 72 51 (*))*. Wanderrouten und Loipen in die Fjells beginnen hier und beim *Fjellzentrum Kiilopää (Kiilopääntie 620 | Saariselkä | Tel. 01 66 70 07 00 | www.kiilopaa.fi)*.

UTSJOKI (139 D2) (*Ⅲ F2*)

Die Hälfte der 1300 Bewohner der nördlichsten Gemeinde Finnlands sind Samen. Ihre Dörfer liegen an den lachreichen Flüssen *Utsjoki* und *Tenojoki*. Die Fahrt am Tenofluss nach *Karigasniemi* führt zum heiligen Berg *Ailigas* (620 m) und zur größten Quelle Finnlands, *Sulaoja*, wo der Wanderweg (63 km) durch den 80 m tiefen Canyon des *Kevo-Naturreservats* beginnt. Eine Pause eignet sich bei *Tenon Eräkievari (tgl. | Rovisuvannontie 59 | Karigasniemi | Tel. 0 16 67 60 88 | €€–€€€)*. ● **INSIDER TIPP** Wanderungen mit Rentier bietet *www.poronpurijat.fi*. Ausgezeichnete Unterkünfte finden Sie im *Holiday Village (16 FH, 6 FW | Tel. 0400 29 46 69 | www.nuorgaminlomakeskus.fi | €€)* in Nuorgam. Rentierfleisch, *samí*-Handarbeiten und ein Café gibt es im *Dorfhaus Giisa (Sa/So geschl. | Utsjoentie 9)*. Info: *Nature Information Hut (Juni–Sept. Mo–Fr 10–18 Uhr | Miessipolku 2 | Tel. 040 18 10 2 63 | www.saamivillage.fi)*.

ROVANIEMI

(137 D1) (*Ⅲ E6*) **Für lappländische Verhältnisse geht es in Rovaniemi (61 500 Ew.) recht lebhaft zu.**

Die Hauptstadt Lapplands ist ein reges Wirtschaftszentrum mit Flughafen und Bahnhof. Sie liegt idyllisch an der Mündung des Ounasjoki in den Kemijoki. Das Stadtbild ist eher nüchtern, da die vorsätzliche Explosion eines Munitionszugs der deutschen Armee 1944 einen Feuersturm entfachte, der 90 Prozent der alten Holzstadt zerstörte.

SEHENSWERTES

ARKTIKUM ★ ●

Ein sphärischer Glaskomplex und zwei halbunterirdische Gebäude bilden den preisgekrönten Rahmen für die Ausstellungen über nordische Völker und die Natur und den Lebensraum Arktis. Das Nordlichttheater zeigt in einer Multivisionsshow Polarlichter und mythische Geschichten. *Juni–Aug. und Dez.–Mitte Jan. tgl. 10–18, sonst Di–So 10–18 Uhr | 12 Euro | Pohjoisranta 4 | www.arktikum.fi*

MARCO POLO HIGHLIGHTS

★ **Siida-Sámi-Museum**
Samische Kultur zwischen Gestern und Heute → S. 89

★ **Bootstour auf dem Lemmenjoki**
Im Langboot stromaufwärts durch die wilde Flusslandschaft → S. 90

★ **Arktikum**
Die Geschichte nordischer Völker und ihrer Natur in einem preisgekrönten Gebäude → S. 91

★ **Kilpisjärvi**
Ein kleines samisches Dorf und die höchsten Berge Finnlands → S. 92

WEIHNACHTSMANNDORF (JOULUPUKIN PAJAKYLÄ)

In dem kleinen Holzdorf am Polarkreis weihnachtet es 365 Tage im Jahr. Rotbemützte Wichtel bearbeiten Briefberge im Postamt, während der Weihnachtsmann Gäste zum Fototermin empfängt. Im Winter gibt es romantische Rentier- und Hundeschlittenfahrten mit Festtagsbeleuchtung. Nicht vergessen: die Polartaufe bei der Überquerung des Polarkreises. *Tgl. Juni–Aug. 9–18, Dez.–7. Jan. 9–19, sonst 10–17 Uhr | www.santaclausvillage.info*

ESSEN & TRINKEN

NILI

Das urige Restaurant ist im Stil einer Wildnishütte eingerichtet und serviert delikat und einfallsreich zubereitete Lapplandspezialitäten. *Tgl. | Valtakatu 20 | Tel. 0400 36 96 69 | www.nili.fi | €€–€€€*

LOW BUDGET

Im *Pallas-Yllästunturi-Nationalpark* stehen Wildnishütten, in denen Sie gratis oder zum kleinen Preis übernachten können. Es gibt 🟢 kostenlose, nicht abgeschlossene Hütten. Den Schlüssel für die abschließbare Hütten (11 Euro/Nacht, reservierungspflichtig) erhalten Sie im *Besucherzentrum Yllästunturi (Tel. 02 05 64 79 30 | www.outdoors.fi).*

Eine günstige Alternative zu den eher teuren Großhotels in Lappland ist das *Gasthaus Outa (7 Zi. | Ukkoherrantie 16b | Tel. 0 16 31 24 74 | www.guesthouseouta.com)* in Rovaniemi: leicht exzentrisch, aber gemütlich, DZ ab 58 Euro.

RAVINTOLA ROKA

Gemütliche Bistroatmosphäre, Streetfood und finnisch-amerikanische Gerichte, frisch und knackig zubereitet. *Tgl. | Ainonkatu | 3LH2 | Tel. 050 3 11 64 11 | www.ravintolaroka.fi | €–€€*

ÜBERNACHTEN

BOREALIS B & B

Kleine, freundliche Herberge in Bahnhofsnähe am Stadtzentrum. Reichhaltiges Frühstück, freies Internet. *15 Zi. | Asemieskatu 1 | Tel. 044 3 13 17 71 | www.guesthouseborealis.com | €–€€*

CLARION HOTEL SANTA CLAUS

Gänzlich unweihnachtliches, gut ausgestattetes, modernes Hotel in zentraler Lage. Sonderangebote im Sommer. *151 Zi. | Korkalonkatu 29 | Tel. 0 16 32 13 21 | www.hotelsantaclaus.fi | €€*

AUSKUNFT

TOURISTINFORMATION ROVANIEMI

Maakuntakatu 29–31 | am „Lordi Square" | Tel. 0 16 34 62 70 | www.visitrovaniemi.fi

ZIELE IN DER UMGEBUNG

KILPISJÄRVI ⭐ (138 A3) (*Ø C3*)

Das winzige *sámi*-Bergdorf (100 Ew.) im Nordwestzipfel Finnlands ist umgeben von den höchsten Bergen des Landes. Ein Rundweg (24 km) führt durch das Naturschutzgebiet Malla zum Dreiländereck Finnland, Schweden und Norwegen. Auf den heiligen Berg *Saana* (1029 m) führen Wanderwege von 5 bis 12 km Länge. Zum höchsten Berg des Landes *Halti* (1324 m) laufen Sie auf der *Kalottireitti-Route*, Infos unter *www.outdoors.fi. Tundrea Resort (150 Betten | Kasivarrentie 14188 | Tel. 0400 39 66 84 | €€)* vermietet moderne Holzmökkis und Ferienwohnungen. Ideal gelegen für Wanderer ist das *Kilpisjärven Retkeilykeskus (120 Betten | Tel. 016 53 77 71 | www.kilpisjarvi.info | €).* Info: *www.tosilappi.fi*

PALLAS-YLLÄSTUNTURI-
NATIONALPARK (138 C4) (🛱 D–E4)
Den drittgrößten Nationalpark Finnlands dominiert eine 100 km lange Kette abgerundeter Berge *(Fjells)*, die von jedem Standort gut zu sehen sind. Bekannt ist der Park für seine sehr gute Infrastruktur. Es gibt drei Besucherzentren (Pallas, Hetta und Äkäslompolo), Wanderwege sind in allen Längen und Schwierigkeitsgraden ausgezeichnet. Besonders beliebt ist der 55 km lange *Hetta-Pallas-Trail* im Nordteil des Parks. Im Winter werden 500 km Skilanglaufloipen gespurt und Huskytouren sind ein Highlight, das Sie sich nicht entgehen lassen sollten, z. B. beim ● *Huskyzentrum Harriniva (2 Std. 140 Euro/Pers., Nordlichtertour 2 Std. 100 Euro/Pers. | Muonio | Tel. 0400 15 51 00 | www.harriniva.fi).* Das Skiresort *Ylläs* grenzt an den Park. Info: *www.outdoors.fi*

TORNIOTAL (136 C1–2) (🛱 D/E6–7)
Der mächtige Grenzfluss Tornio ist einer der letzten freifließenden Lachsflüsse Europas. Die *Kukkola-Stromschnellen* mit den malerischen Holzstegen der Fischer sind berühmt. *Café Myllyn Pirtti (Jun.–Aug. tgl. | Koskitie | Kukkola | €)* verkauft frisch gegrillten Fisch direkt am Ufer. 10 km nördlich von Ylitornio liegt der Felsenberg INSIDER TIPP ▸ *Aavasaksa*. Er gehört zu den finnischen Nationallandschaften. Vom ☀ Aussichtsturm haben Sie einen großartigen Blick auf das naturbelassene Flusstal sowie auf Schweden und Lappland eröffnet. Das Grenzstädtchen *Tornio* (22 300 Ew., schwed. Haapanranta) ist bei Golfern bekannt für den

Polarlichter, fotografiert im Pallas-Yllästunturi-Nationalpark

2-Länder Golfplatz (18 Loch, 7 in Finnland, 11 in Schweden) *Meri-Lapin Golfklubi ry (Greenfee 47 Euro/Tag | Näräntie | Caddiemaster: Tel. 016 43 17 11 | www.torniogolf.fi)* mit 24-Stunden-Golf unter der Mitternachtssonne. *Lappari Elämystehdas (www.lappari.fi)* braut Bier und Spirituosen und bietet Freizeit- und Sporterlebnisse im historischen Fabrikkomplex der legendären Lapin-Kulta-Brauerei. Ein seltenes Kleinod ist die Holzkirche *Hedvig Eleonoran Kirkko (Juni–Juli Mo–Fr 10–17, So 14–18 Uhr | Seminaarinkatu 2)* von 1686, eine schmucke Stützpfeilerkirche mit Barockverzierungen. Der achteckige Glockenstapel ist der letzte seiner Art in Finnland. Im *Hotelli Olof (16 Zi., 9 FW | Hallituskatu 16 | Tel. 0500 69 09 80 | www.hotelliolof.fi | €€)* finden Sie ein bequemes Bett.

ERLEBNISTOUREN

① FINNLAND PERFEKT IM ÜBERBLICK

START: ① Helsinki
ZIEL: ① Helsinki

16 Tage
reine Fahrzeit
42 Stunden

Strecke: 🚌 2838 km

KOSTEN: Übernachtung 690–930 Euro/Pers., Eintritte 260–300 Euro/Pers., Opernkarten 89–165 Euro/Pers., Essen & Trinken 780 Euro/Pers., Mietwagen 710 Euro, Benzin 250 Euro

MITNEHMEN: Finnisches Mückenschutzmittel, Badesachen, Regenjacke, Fernglas

ACHTUNG: Beste Reisezeit Mitte Juni–Mitte Aug., Unterkünfte rechzeitig buchen, Hotel ⑬ Iso-Syöte Mai–Mitte Juni geschl., Opernfestspiele in ㉖ Savonlinna Anfang Juli–Anfang Aug. (Karten vorbestellen), Bootstour mit Jannen Saluuna in ⑩ Vaasa eignet sich im Juli.

Jeder Zipfel dieser Erde hat seine eigene Schönheit. Wenn Sie Lust haben, die einzigartigen Besonderheiten dieser Region zu entdecken, wenn Sie tolle Tipps für lohnende Stopps, atemberaubende Orte, ausgewählte Restaurants oder typische Aktivitäten bekommen wollen, dann sind diese maßgeschneiderten Erlebnistouren genau das Richtige für Sie. Machen Sie sich auf den Weg und folgen Sie den Spuren der MARCO POLO Autoren – ganz bequem und mit der digitalen Routenführung, die Sie sich über den QR-Code auf S. 2/3 oder die URL in der Fußzeile zu jeder Tour downloaden können.

Eine Rundreise durch das große Finnland ist eine Reise durch die Vielfalt, die das Land bietet: Verträumte Küstenstädte, endlose Wälder, Tausende Seen zum Schwimmen und überraschende Kultur überall erwarten Sie.

Willkommen in ❶ **Helsinki → S. 32**: Die Hauptstadt am Meer begeistert Sie mit Designshops, Architektur und kultureller Avantgarde. Besuchen Sie die **Temppeliaukion Kirkko → S. 35**, holen Sie sich Designprodukte bei **Artisaani** *(Unioninkatu 28)* und chillen Sie im **Café Birgitta** *(Mai– Sept. tgl. | Hernesaarenranta 2)* am Eirastrand.

TAG 1–2

❶ Helsinki

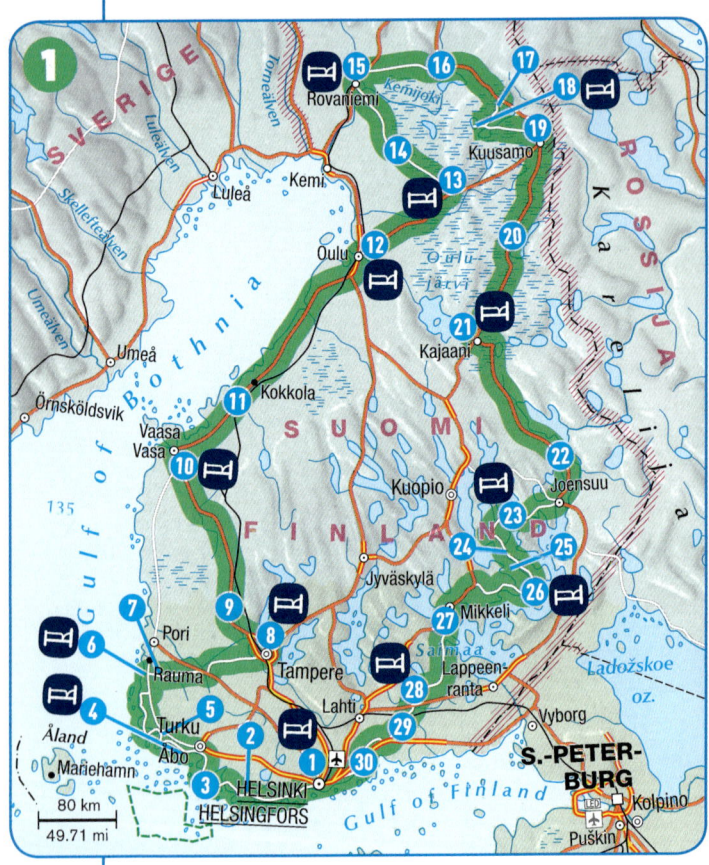

TAG 3–4

[93,5 km]

❷ Eisenhüttendorf Fiskars 🛍️

[64,5 km]

❸ Kemiön Kirkko 🏛️

[70 km]

❹ Turku 🎭🏛️🎪🍴🛏️

Über die **51, 111 und 104 fahren Sie bis** zur lebendigen Künstlergemeinschaft ❷ **Eisenhüttendorf Fiskars → S. 48.** Bummeln Sie durch die Lädchen und Werkstätten. Weiter geht's durch wunderschöne Kulturlandschaft **auf der 111, der 52 und auf der 183 nach** Kemiö, wo Sie die Kirche ❸ **Kemiön Kirkko** aus dem 15. Jh. besichtigen. **Über die 181 und 110 gelangen Sie nach** ❹ **Turku → S. 61.** Die älteste Stadt des Landes erwartet Sie mit **Burg, Dom, Handwerksmuseum Luostarinmäki** und dem schwimmenden Restaurant **Cindy** (Mitte April–Mitte Sept. tgl., sonst So/Mo geschl. | Itäinen Rantakatu 19 | an der Theaterbrücke | Tel. 0102310180 (*) | www.cindy.fi | €€). Bleiben Sie zwei Nächte in Turku.

Fahren Sie auf der E 185 durch die Holzstadt Naantali, Heimat der Mumins und Ferienort der finnischen Präsidenten, und **weiter auf die 189 Richtung Rymättylä, nach der großen Brücke rechts auf die 1930 und hinter Merimasku nach Askainen**, bis Sie ❺ **Schloss Louhisaari** *(Mitte Mai–Ende Aug. tgl. 11–17 Uhr | Louhisaarentie 244)* erreichen. Das Geburtshaus von Marshall Mannerheim ist ein in Finnland seltenes Beispiel für die Architektur der Spätrenaissance. **Sie fahren weiter auf der 192, bei Taivassalo auf die 196** bis nach ❻ **Rauma → S. 63**, wo Sie im Hotel **Cityhovi** *(18 Zi. | Nortamonkatu 18 | Tel. 02 83 76 92 00 | www.cityhovi.com | €€)* in der Nähe der Altstadt übernachten.

Rauma ist Heimat der Klöppelmeisterinnen. Im **Pits-Priia** *(im Sommer tgl., sonst Sa | Kauppakatu 29)* können Sie beim Klöppeln zusehen und Spitze kaufen. **Weiter geht's auf die 12, wo an der Nebenstraße 2070 (Murtamontie)** die Weltkulturerbestätte ❼ **Sammallahdenmäki** mit 36 bronzezeitlichen Steingrabhügeln auf Sie wartet. **Über die 12 fahren Sie nach** ❽ **Tampere → S. 75**. Das historische „Ruhrgebiet Finnlands" verbreitet mit seinen restaurierten Fabrikgebäuden inmitten schönster Natur ein besonderes Flair. Machen Sie eine Minikreuzfahrt mit der **Silberlinie → S. 79** und erhöhen Sie Ihr Adrenalin im Vergnügungspark **Särkänniemi → S. 77**. Abends genießen Sie einen Cocktail in der **INSIDERTIPP** **Moro Skybar** *(Ratapihankatu 43 | im Solo Sokos Hotel Torni)*.

Fahren Sie über Hämeenkyrö auf der 3/E 12 in Richtung Vaasa. Unterwegs entspannen Sie im ❾ **Ikaalinen Spa** *(Mo–Sa 10–21, So 10–19 Uhr | Hämyläntie 2)*. In ❿ **Vaasa → S. 58** erleben Sie bei einer Bootstour mit **Jannen Saluuna** *(Mitte Juni–Anf. Aug. tgl. 12 Uhr, Sa/So und Juli auch nachmittags | ab Vaasa Binnenhafen Sisäsatama | Tel. 050 5 53 12 36 | www.jannensaluuna.com/boats-en.htm)* und von der **Raippaluoto-Brücke**, der längsten Brücke Finnlands, das Weltnaturerbe **Schärengebiet der Kvarken → S. 57** am besten.

Auf der Küstenstraße 749 gelangen Sie nach ⓫ **Jakobstad → S. 57**. Schlendern Sie durch die Altstadt **Skata**. **Über Kokkola und Kalajoki geht's nach** ⓬ **Oulu → S. 58**. Gönnen Sie sich zum Abschied von der Küste ein edles Essen im Salzspeicher bei **Uleåborg** *(So geschl., Reservierung empfohlen | Aitattori 4–5 | Tel. 0 88 811 188 | €€€)*.

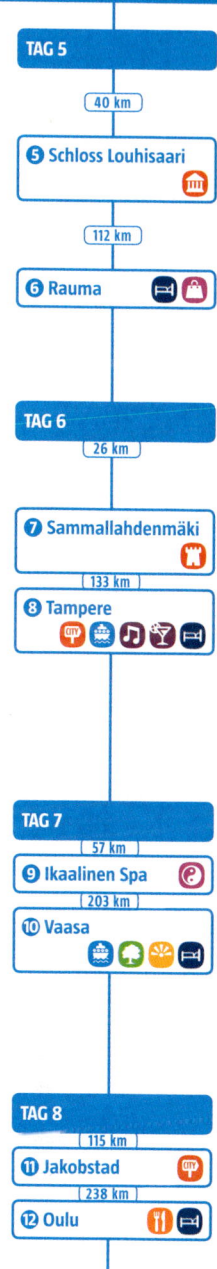

TAG 5

40 km

❺ Schloss Louhisaari

112 km

❻ Rauma

TAG 6

26 km

❼ Sammallahdenmäki

133 km

❽ Tampere

TAG 7

57 km

❾ Ikaalinen Spa

203 km

❿ Vaasa

TAG 8

115 km

⓫ Jakobstad

238 km

⓬ Oulu

TAG 9

143 km

⑬ Iso-Syöte

TAG 10

83,5 km

⑭ Ranua Wildlife Park

79 km

⑮ Rovaniemi

TAG 11

84 km

⑯ International Art Centre Puustelli

113,5 km

⑰ Riisitunturi-Nationalpark

30 km

⑱ Lapin Satu

TAG 12

62 km

⑲ Zentrum für Naturfotografie

109,5 km

⑳ Stillen Volk

136 km

㉑ Kajaani

TAG 13

182 km

㉒ Koli-Nationalpark

130,5 km

㉓ Kloster Valamo

TAG 14

88,5 km

㉔ Finferries

19 km

㉕ Linnansaari

Auf der 20 geht es in die Einsamkeit Nord-Finnlands, 30 km hinter Pudasjärvi auf die **858** (Rytinkisalmentie) nach Norden und später rechts auf der **862** zum Hotel ⑬ **Iso-Syöte** *(30 Zi., 36 FH | Isosyötteentie | Tel. 02 014 76 400 (*) | www.hotelli-isosyote.fi | €–€€€)* im **Nationalpark Isosyöte**. Genießen Sie die Aussicht, wandern Sie auf Naturpfaden, entspannen Sie in der Sauna.

Folgen Sie nun der 858 bis zum nördlichsten Zoo der Welt. Im ⑭ **Ranua Wildlife Park → S. 115** sehen Sie nordische Wildtiere, u. a. Eisbären, in natürlicher Umgebung. **Über die 78 erreichen Sie** ⑮ **Rovaniemi → S. 91**. Besuchen Sie hier u. a. das **Arktikum → S. 91**.

Es geht weiter über die 4 und 82 bis kurz vor Kemijärvi, wo im ⑯ **INSIDER TIPP** **International Art Centre Puustelli** *(Mitte Juni–Mitte Aug. Di–So 12–18 Uhr | Lepistöntie 19 | short.travel/fin18)* Holzskulpturen der jährlichen Holzschnitzmeisterschaften ausgestellt sind. **Weiter geht's auf der E G3/5 Richtung Kuusamo, dann auf der 9471 weiter bis Tolva.** Brechen Sie zu einer kleinen Tour im verwunschenen ⑰ **Riisitunturi-Nationalpark** *(www.outdoors.fi)* auf. **Über die 9471, 81 und 863** erreichen Sie das Hotel ⑱ **Lapin Satu** *(13 Zi. | Kattavaniementie 1 | Posio | Tel. 045 8 86 45 88 | www.lapinsatu.com | €)*.

Weiter geht es über die 81 nach Kuusamo → S. 86, wo Sie das ⑲ **Zentrum für Naturfotografie → S. 86** besuchen. **Sie fahren über die 5/E 65 bis zum** ⑳ **Stillen Volk → S. 82**, künstlerischen Figuren am Straßenrand. **Danach gelangen Sie auf der gleichen Straße nach** ㉑ **Kajaani → S. 81**, wo Sie übernachten.

Über die 6 und die 504 kommen Sie in den ㉒ **Koli-Nationalpark → S. 84**. Wandern Sie über die Felsen, bevor Sie **auf der 6 nach Joensuu, von dort über die 23** zum orthodoxen ㉓ **Kloster Valamo → S. 85** fahren, wo Sie ruhige Unterkunft und einen russischen Teetisch finden.

Sie nehmen die 23, bis kurz vor Varkaus links „Kangaslampi" ausgeschildert ist. Auf der **468** fahren Sie durch idyllische Landschaft, setzen in Tappuvirta mit einer Fähre von ㉔ **Finferries** *(Tel. 040 5 21 54 34 | www.finferries. fi)* über und **parken Ihr Auto danach in Oravi.** Ein Bootsservice oder Taxiboot bringt Sie zur Hauptinsel ㉕ **Linnansaari** im **Linnansaari-Nationalpark → S. 74**, der Kinderstu-

---

be der Saimaa-Ringelrobbe. **Von Oravi aus erreichen Sie über die 468 mit dem Auto 26 Savonlinna → S. 72**. Besuchen Sie die **Opernfestspiele → S. 117**.

Sie fahren auf der 14 bis Kallislahti, weiter auf den Straßen 435/436/434 über Sulkava nach Juva und die 5 bis **Mikkeli → S. 70**. Besuchen Sie die alte **27 Pfarrei Kenkävero → S. 71**. Danach geht es über Pellosniemi auf der 13 und 15 weiter, bis rechts die 369 zur Weltkulturerbestätte **28 Verla → S. 71** abzweigt, wo Sie in einem historischen *mökki* übernachten (vorbestellen).

Über die 46, 369 und 6 erreichen Sie **29 Mustila Arboretum** *(Mai–Mitte Sept. tgl. | Mustilantie 57 | Tel. 05 37 74 66 | www.mustila.fi)*. Nach Spaziergang und Beerenlikör-Einkauf geht es **über die 6 und 170 nach 30 Porvoo → S. 45**. Durchstöbern Sie das alte Holzstädtchen. Bei **Johans** *(Mai–Sept. tgl. | Jokikatu 8 | Tel. 040 136 92 85 | €€)* gibt es Runeberg-Spezialitäten im zauberhaften Hinterhof. **Über die 170** sind Sie schnell zurück in **1 Helsinki**.

48 km
26 Savonlinna

TAG 15

116,5 km
27 Pfarrei Kenkävero

100 km
28 Verla

TAG 16

46 km
29 Mustila Arboretum

64 km
30 Porvoo

51 km
1 Helsinki

---

2 TOUR DE SCHÄREN: UNTERWEGS ZWISCHEN INSELN UND MEER

START: 1 Turku
ZIEL: 1 Turku

Strecke:
 135 km

2 Tage
reine Fahrzeit
9 Stunden

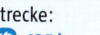

KOSTEN: Übernachtung 55–63 Euro/Pers., Fahrrad 36 Euro/Pers., Fähre 6 Euro/Pers., Essen & Trinken 100 Euro/Pers.

MITNEHMEN: Badesachen, Wasserflasche, Sonnencreme, Regenschutz, Kleidung und Bedarf für 2 Tage, Bargeld, Fernglas

ACHTUNG: Beste Reisezeit: Mitte Juni–Mitte Aug. Fahrrad vorbestellen. Auf der Ringstraße gibt es keinen Fahrradweg, aber auf der Rückreise ab 13 **Naantali**. Fähre von 7 **Nauvo** nach **Hanka** fährt dreimal täglich und ist kostenpflichtig. Geldautomaten nur in 3 **Parainen**, 7 **Nauvo** und Kirchdorf Rymättylä

Diese Radtour ist ein Ausflug in die Schären vor Turku und macht Lust auf „Meer". Sie schnuppern Seeluft auf den Fähren, genießen das Inselleben bei Schärenspezialitäten und unterwegs warten schöne Aussichten von den Brücken und sanften Hügeln.

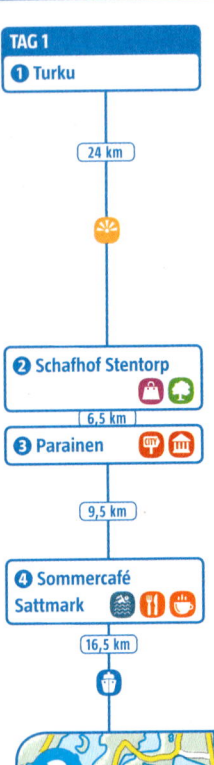

TAG 1

❶ Turku

24 km

❷ Schafhof Stentorp

6,5 km

❸ Parainen

9,5 km

❹ Sommercafé Sattmark

16,5 km

Sie starten in ❶ **Turku** → **S. 61** und holen Ihre Fahrräder bei **Carfield Bikerental** *(Kauppiaskatu 16 | Tel. 050 0 42 70 09 | personal.inet.fi/yritys/carfield)* ab. **Über den Aura-Fluss geht es Richtung Süden durch Vororte in Richtung Kaarina. Fahren Sie über Kaskentie, Uudenmaantie, Södra Bågen, Kataraistentie, Pyhä Katariinantie und Paraistentie, bis Sie die Schärenringstraße 180 erreichen.** Sie überqueren zwei Brücken mit einer wunderbaren Aussicht in die Schären und gelangen auf die Insel **Kirjala**. **Fahren sie parallel zur 180 auf dem ruhigeren Timmerkärsvägen-Weg. Kurz vor der nächsten Brücke zweigt rechts der Skråbbontie-Weg ab.** Ganz am Ende leben auf dem 🌀 ❷ **Schafhof Stentorp** *(tgl. 12–18 Uhr | www.stentorp. parnet.fi)* Schafe einer regionalen Nutztierrasse. Hier können Sie naturbelassene Woll- und Lederprodukte erwerben. **Zurück auf der Ringstraße** geht es nach ❸ **Parainen**, eine von allen Seiten vom Meer umfangene Stadt mit sehenswerter Altstadt und **Feldsteinkirche** von 1460 sowie dem größten **Kalksteinbruch** Skandinaviens. **Über Skråbbölevägen und Cementvägen radeln Sie auf der 180 zum** ❹ **Sommercafé Sattmark** *(Juni–Aug. tgl. | Suttmark 1 | Parainen | www.sattmarkinfo.fi)*. Stürzen Sie sich am Strand ins Meer und genießen Sie beim Kapitänshäuschen Gegrilltes, Sandwiches, Beerenkuchen und Kaffee. **Gestärkt gelangen Sie nach Lillmälö** zur Fähre, die Sie kostenlos zur

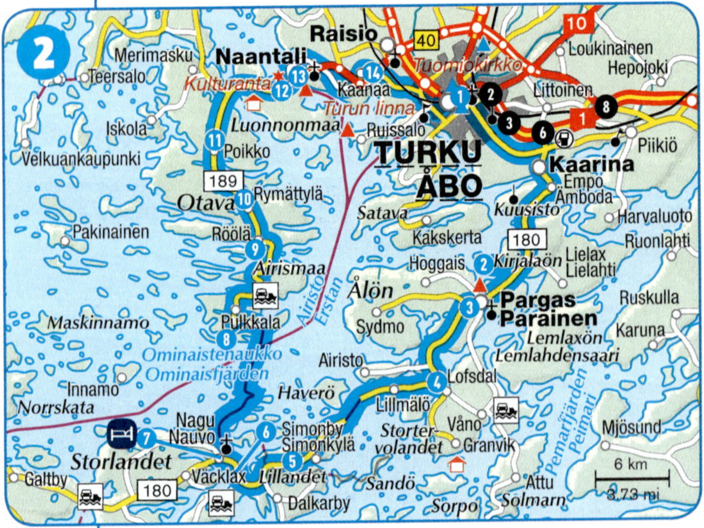

Idylle pur auf Nauvo. Wollen Sie wirklich weiterradeln?

Insel **Pikku Nauvo** bringt. **An der 180** liegt das ❺ **Glasstudio Hippoglas** *(tgl. 10–18 Uhr | Lillandintie 886 | www. hippoglass.com)*. Schauen Sie dem Glasbläser zu und stöbern Sie durch den Laden, bevor Sie weiterfahren. Auf der ❻ **Norrströmmen-Brücke** genießen Sie den schönen Blick auf die Schären. In ❼ **Nauvo** fahren Sie bis zum B & B **Martta** *(17 Zi. | Kirkkovalli 6 | Tel. 02465 1409 | www. majatalomartta.com | €€)*. Wenn Sie an der **Feldsteinkirche Nauvo** aus dem 14. Jh. vorbei zum **Gasthafen** schlendern, finden Sie weitere Restaurants für das Abendbrot.

Nach einem frühen Frühstück fahren Sie mit **MS Östern** *(www.ostern.fi)* nach **Hanka**. **An der 1890 fahren Sie bis zum Schild (Karhuvuori, Ilmavalvontatorni) und klettern den steilen Pfad links hoch zum** ❽ INSIDER TIPP **Aussichtsturm Ilmavalvontatorni**. Auf der 1890 gelangen Sie nach **Röölä**, wo Sie sich im Hafen im ❾ **Ravintola Röölänranta** *(Juni–Aug. tgl. | Rööläntie 405 | Tel. 040 180 90 17 | €–€€)* bei einer Pause erholen. **Sie fahren weiter auf der 1890, bis beim Dorf Rymättylä links der Vanhalie abzweigt,** der Sie zur ❿ **Rymättylän Kirkko** aus dem Jahr 1510 bringt. **Fahren Sie weiter und zurück auf die 189, von dieser auf die ruhigeren Kuralantie, im Dorf Ylttinen rechts auf dem Ylttistentie und zurück zur 189. Ein Stück wei-**

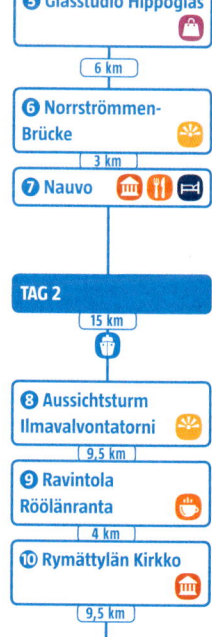

❺ Glasstudio Hippoglas

6 km

❻ Norrströmmen-Brücke

3 km

❼ Nauvo

TAG 2

15 km

❽ Aussichtsturm Ilmavalvontatorni

9,5 km

❾ Ravintola Röölänranta

4 km

❿ Rymättylän Kirkko

9,5 km

⑪ Pohjakulma 🍴	
10,5 km	
⑫ Kultaranta Kiosk ☕	
1,5 km	
⑬ Naantali 🍹	
7,5 km	
⑭ Gasthafen Hahdenniemi 🍽	
12 km	
❶ Turku	

ter liegt in **Poikko** das Restaurant **⑪ Pohjakulma** *(Mitte Juni–Mitte Aug. Di–So 11–16 Uhr | Rymättyläntie 1089 | Tel. 0 22 52 27 71 | www.pohjakulma.fi | €€).* Genießen Sie ein Mittagessen mit Schärenspezialitäten. **Sie fahren weiter auf der 189 auf die große Särkänsalmenbrücke und links auf den Luonnonmaantie. Kurz bevor es wieder auf die 189 geht,** tanken Sie Erfrischung am **⑫ Kultaranta Kiosk** *(tgl. 11–20 Uhr | Luonnonmaantie 12)* und kommen auf der 189 nach **⑬ Naantali → S. 62.** Bummeln Sie durch die malerische Altstadt. **Über Kaivokatu, Tullikatu, Aurinkotie, Ruonan-Yhdystie, Linkkikatu, Vantontie und Nesteentie gelangen Sie zum ⑭ Gasthafen Hahdenniemi.** Jenseits der Bucht ist hier die große Werft von Turku zu sehen. **Fahren Sie den Radweg am Nesteentie, dann rechts den Telakkatie bis zum Upalingontie. Sie folgen dem Fahrradweg geradeaus, überqueren den Raisionjoki und nehmen den Weg am Fluss entlang bis zum Ende des Grüngebiets nach Süden. Weiter geht es parallel am Pansiontie/der E 63, dann biegen Sie rechts in die Hertig Johans Parkgata, bis rechts die Satamakatu abzweigt, die Sie an der Burg vorbei zurück nach ❶ Turku bringt.**

3 PADDELN IM SEENGEBIET

START: ❶ **Kieväri Rantapirtti in Koskenpää**
ZIEL: ⑬ **Beerenweingut Uusi-Yijälä**

1 Tag
reine Paddelzeit
10 Stunden

Strecke:
➡ **23 km Paddeltour, 56 km Autofahrt**

KOSTEN: Kajak/Kanu 25 Euro/Tag, Transport zum Startpunkt 15 Euro, Essen & Trinken 65 Euro/Pers., Übernachtung 55 Euro/Pers., Benzin 4 Euro

MITNEHMEN: Wasserdichter Behälter (kann gemietet werden), Kompass, finnisches Mückenspray, Sonnencreme, Sonnenschutz, Wechselkleidung, Windjacke, Proviant (u. a. Grillgut), Erste-Hilfe-Päckchen, Karte

ACHTUNG: Boote, Ausrüstung, Transport, wasserdichte Karte sowie Übernachtung erhalten Sie bei ❶ **Kieväri Rantapirtti.** Einführung auch am Vorabend der Tour dort möglich. Bei niedrigem Wasserstand sind die Stromschnellen gut zu befahren. Zwei der Stromschnellen sollten an Land umgangen werden (200 und 100 m). Prüfen Sie auf dem Kompass Ihre Paddelrichtung. Die Wasserwege im Seengebiet winden sich und falsch abzubiegen, kann einen großen Umweg bedeuten. Besuch in ❻ **Finnschaf-Hof Piiku** vorab anmelden

Eine der ältesten und schönsten Paddelrouten ist die Wanhan-Witosen-Paddelroute ab Petäjävesi. Sie führt durch kurvige Flussabschnitte und offene Seen, durch Wildnis und schöne Kulturlandschaft. Auf diesen ersten Kilometern erleben Sie an einem Tag das finnische Seenlabyrinth hautnah.

08:30 Sie starten beim Bootsverleih ❶ **Kieväri Rantapirtti** *(Petäjävedentie 447 | Koskenpää | Tel. 0400 32 38 54 | www.kp-rantapirtti.fi)*, der Sie zusammen mit den Kajaks zum Startpunkt der Tour bringt: an den ❷ **Kirveslahti-Steg** im Kirchdorf **Petäjävesi → S. 68**. Nach dem Abladen der Boote (und evtl. Einführung) paddeln Sie **aus dem Hafen hinaus in Richtung Südwesten, unterqueren eine Eisenbahnbrücke und paddeln weiter zum Steg der** ❸ **Petäjäveden vanha kirkko**, an dem Sie anlegen – so, wie es die Finnen schon vor 200 Jahren taten. Auch heute noch findet hier manche Hochzeit mit einem Kirchboot ihren würdigen Abschluss. Die alte Kirche gehört zum Unesco-Weltkulturerbe und ist einen Besuch wert. **Danach paddeln Sie weiter unter der Brücke hindurch nach Süden auf den Petäjävesi-See und halten sich am linken Ufer. Drei Inseln gleiten rechts vorbei. Sie paddeln in Richtung Südosten durch den schmalen Lehmäkurkku hindurch bis zur Insel** ❹ **Pirkonsaari.** Dort legen Sie am Ufer an und gönnen sich eine Pause. Gehen Sie schwimmen und machen Sie ein Picknick, es gibt auch eine Feuerstelle. **Sie paddeln gerade nach Süden und durchqueren die Enge von Majaniemi. Hier biegen Sie scharf in nordwestlicher Richtung ab und gelangen in ein schmales Flussstück,** wo das erste Paddelabenteuer in Gestalt einiger ❺ **Stromschnellen** auf Sie wartet. Wenn Sie sich unsicher fühlen, orten Sie die Lage zunächst vom Ufer aus. **Bald danach kommt eine Straßenbrücke in Sicht. Unter der Brücke befindet sich die Hankakoski-Stromschnelle. Diese müssen Sie am linken Ufer an Land umgehen (200 m). Danach paddeln Sie auf die gegenüberliegende Seite in eine kleine Bucht, an zwei Sommerhäusern vorbei zum Steg vom** ❻ **INSIDER TIPP Finnschaf-Hof Piiku** *(Piesalantintie 17 | Tel. 040 8 47 44 24 | piiku.eu).* In der Fil-

❶ **Kieväri Rantapirtti**

18 km

❷ **Kirveslahti-Steg**

1 km

❸ **Petäjäveden vanha kirkko** 🏛

5 km

❹ **Pirkonsaari** 🍴 🏊

3 km

❺ **Stromschnellen**

1,5 km

❻ **Finnschaf-Hof Piiku** 🛍

4 km

Paddeln ist eines der schönsten Naturerlebnisse in Finnland

zerei finden Sie tolle Wolle und Schafsfelle.

14:00 Sie paddeln weiter, ein herrlicher Blick öffnet sich auf den Suolisvesi-See. **Sie orientieren sich am linken Ufer und paddeln dann nach Südwesten in den 6 km langen** Flussabschnitt **7 Suolisjoki**. Genießen Sie den verschlungenen, natürlichen Flusslauf und die Ruhe in der abwechslungsreichen Landschaft. Halten Sie Ausschau nach Wasservögeln, die oft am Ufer brüten. Nun kommt die nächste, aber leichte Herausforderung, die **8 Ravunkoski-Stromschnelle** und **etwas weiter** die **9 Lapinkoski-Stromschnelle**. Der Fluss fließt erneut auf eine Brücke zu. Hier befindet sich das Kalliokoski-Energiewerk. **Sie müssen erneut aussteigen und Ihr Kajak über Land 100 m tragen.** Besichtigen Sie die **10 Fischtreppe Kalliokoski** und paddeln Sie dann **den engen Fluss weiter unter einer zweiten Brücke hindurch**, bis der Blick sich auf den großen Salosvesi-See öffnet. Sie überqueren die große Wasserfläche in südwestlicher Richtung. Bei Wind kann es hier etwas schaukeln und Sie müssen stärker paddeln, um voranzukommen. Ihr Ziel ist die schmale Landspitze **11 Kuivaniemi** am nordwestlichen Ende der großen Insel Kuivaniemi. Hier gibt es einen Rastplatz. Wandern Sie gemütlich zum großen Findling **Teufelsstein** und erkunden Sie die Umgebung, wo Sie vielleicht Beeren zum Naschen finden. **Am westlichen Ufer des Sees paddeln Sie weiter nach Süden, bis Sie bei 12 Kieväri Rantapirtti** anlegen und Ihre Paddeltour beenden.

18:30 Sie haben es geschafft. Nach der Rückgabe der Boote geht es mit dem Auto **über die 604/6040/Yhdystie und die 9/E 63 nach Jämsä** zum Abendessen ins **13 Beerenweingut Uusi-Yijälä** *(So/Mo geschl. | Jyväskyläntie 808 | Tel. 045 6 511405 | www.patapirtti.fi | €€– €€€)*, einem Hof aus dem Jahr 1784 mit biologischer Landwirtschaft, einer Weinboutique und Gästezimmern, wo Sie nach einem ereignisreichen Tag in einen seeligen Schlaf fallen.

7 Suolisjoki

1 km

8 Ravunkoski-Stromschnelle

1,5 km

9 Lapinkoski-Stromschnelle

2 km

10 Fischtreppe Kalliokoski

2 km

11 Kuivaniemi

2 km

12 Kieväri Rantapirtti

38 km

13 Beerenweingut Uusi-Yijälä

4 WINTERSPASS IN LAPPLAND

START: ❶ Nord-Österbotten-Museum
ZIEL: ❿ Guesthouse Husky

5 Tage
reine Fahrzeit
9,5 Stunden

Strecke:
➡ **626 km**

KOSTEN: Übernachtung: 485 Euro/Pers., Eintritte 875 Euro/Pers., Essen & Trinken 200 Euro/Pers., Mietwagen 470 Euro, Benzin 130 Euro

MITNEHMEN: Warme Kleidung (Daunenjacke, Überhose, gefütterte Stiefel, Wollsocken, warme Unterwäsche), Fausthandschuhe, Mütze, Gesichtsmaske, wasserfreie Hautcreme, Sonnenbrille, Sonnencreme

ACHTUNG: Reisezeit: am besten Februar und März, nur in diesen Monaten und nur Di bis Fr fährt der ❸ Eisbrecher Sampo. Bei den Aktivitäten wird Spezialkleidung gestellt. Frühzeitige Buchung für alle Aktivitäten und Unterkünfte wird generell empfohlen. Huskysafari unbedingt vorbestellen. Sie fahren auf geräumten, aber oft mit Schnee bedeckten Straßen. Schneeverwehungen sind möglich. Alle Wagen haben Spikesreifen. Warme Kleidung ist unabdingbar, auch bei kurzen Fahrten mit dem Auto! Falls das Auto versagt, besteht sonst die Gefahr von Erfrierungen. Bei Temperaturen unter -5° C nicht mit feuchter Haut an Metall fassen.

Im Norden Finnlands wartet im Winter ein weißer Traum aus Schnee und Eis mit unvergesslichen Erlebnissen auf jeden Besucher, der es wagt, der Kälte zu trotzen. Auf dieser Tour erleben Sie vom Schneehotel über die Polarkreistaufe bis zur Huskysafari die Highlights von Finnisch-Lappland im Winter.

Sie starten Ihre Reise in **Oulu → S. 58**, wo Sie im ❶ **Nord-Österbotten-Museum → S. 58** alles über die Geschichte des Teerhandels erfahren. **Danach geht es auf der 4/ E 75 nach Kemi.** Ihr Ziel ist die ❷ **Schneeburg LumiLinna**. Nach der Besichtigung der Burg und dem Check-in ins angeschlossene INSIDER TIPP ➤ **Schneehotel** *(48 Betten | Kauppakatu 29 | Tel. 0 16 25 63 61 | €€€)* genießen Sie im gleichen Komplex Ihr warmes Abendessen im -5 °C frostigen Schneerestaurant *(nur mit Reservierung unter Tel. 0 16 25 88 78 | €€€).* Warm verpackt, schlummern Sie in Ihrem einzigartigen Eiszimmer, das schon im Mai geschmolzen sein wird.

Nach dem Frühstück **fahren Sie zum Hafen Houtskari**, wo der ❸ **Eisbrecher Sampo** *(www.visitkemi.fi/en/*

TAG 1

❶ Nord-Österbotten-Museum
[108,5 km]

❷ Schneeburg LumiLinna

TAG 2
[11,5 km]

❸ Eisbrecher Sampo

127,5 km

④ Rovaniemi

TAG 3

8 km

⑤ Weihnachtsmann-dorf

108 km

⑥ Luosto

sampo-icebreaker) um 9 Uhr zur ersten Kreuzfahrt aufbricht. Erleben Sie den arktischen Sonnenaufgang vom Schiff aus und ein herrlich „erfrischendes" Bad in den Eisschollen. **Über Kemi geht es durch die Schneelandschaft Richtung Norden auf der 4/E 75 nach ④ Rovaniemi →** S. 91. Das 🌐 **Arctic Light Hotel** (57 Zi. | Valtakatu 18 | Tel. 02 01 71 01 00 (*) | www.arcticlighthotel.com | €€€) ist eine luxuriöse Unterkunft, die sich als Partner des WWF für Eisbären einsetzt.

Probieren Sie eine rasante Fahrt mit dem Schneemobil in die Umgebung mit **Arctic Lifestyle** (Koskikatu 6 | Tel. 050 3 43 91 00 | www.arcticlifestyle.fi). **Danach fahren Sie auf der E 75 ins ⑤ Weihnachtsmanndorf →** S. 92, wo das Christmasfeeling 365 Tage im Jahr nicht vergeht. Hier wartet mit einer kleinen Zeremonie noch etwas Besonderes auf Sie: die **Polarkreistaufe**, die Einzelreisende beim ersten Überschreiten des Polarkreises selbst organisieren müssen (www.articcircle-information.fi). Mit Zertifikat, Hochprozentigem und einer Kelle Eiswasser oder Schnee in den Nacken werden Sie getauft. **Danach fahren Sie auf der 4/ E 75 zum Pyhä-Luosto-Nationalpark**: einem wildromantischen Gebiet, durch das sich eine 35 km lange Bergkette zieht. **Nach ca. 100 km biegen Sie ab auf die 962 nach ⑥ Luosto**, einem der besten Orte, um Nordlichter zu beobachten. Übernachten Sie im **Hotelli Luostotunturi** (176

Eisbrecher Sampo – die Kreuzfahrt auf Nordfinnisch bringt eisige Erlebnisse

Zi. | Luostontie 1 | Tel. 0 16 62 04 00 | www.laplandhotels. com | €€). Das Hotel bietet eine Nordlichtwanderung mit Einführung. Buchen Sie gleich zwei Nächte im Hotel, da der nächste Tag für Sie ebenfalls in Luosto endet.

Auf der 962 fahren Sie nach Pyhätunturi. Die ❼ **Rentierfarm Kopara** *(Luostontie 1160 | Tel. 040 5 87 99 49 | www. kopara.fi)* bietet **Rentier-Schlittenfahrten** durch die bezaubernde Schneelandschaft. Sie fühlen sich wie der Weihnachtsmann und lernen daneben viel über Rentierhaltung. Im ❽ **Luosto Skizentrum** *(Offpiste 4 | Tel. 040 6 84 91 01)*, können Sie viele Wintersportmöglichkeiten nutzen, wie Schneeschuhwanderungen oder Langlaufski. **Dann fahren Sie den Weg zurück zum Hotel.**

Auf der 4/E 75 geht es Richtung Ivalo. Im ❾ **Goldgräberdorf Tankavaara → S. 115** erfahren Sie alles über den Goldrausch in Lappland und können Ihr Glück beim Goldwaschen herausfordern. **Auf der E 75 kommen Sie nach Ivalo**, wo Sie das ❿ **Guesthouse Husky** *(6 Zi. | Hirviniementie 65 | Tel. 042 5 20 70 68 | www.guesthousehusky.fi | €€)* erwartet. Der Abschluss Ihrer Tour hält nicht nur eine perfekte Unterkunft, sondern auch den Höhepunkt der Lapplandreise bereit: eine rasante **Huskysafari**!

TAG 4

[10,5 km]

❼ **Rentierfarm Kopara**

[21 km]

❽ **Luosto Skizentrum**

TAG 5

[163 km]

❾ **Goldgräberdorf Tankavaara**

[68 km]

❿ **Guesthouse Husky**

SPORT & WELLNESS

Finnland ist eine Sportnation. Es mögen nur 5 Mio. Menschen in diesem Land leben – doch bis auf Alpinklettern und Tiefseetauchen können Sie in Finnland nahezu jede Sportart ausüben.

Jeder fünfte Finne ist Mitglied in einem Sportverein – Breitensport wird im Land mit großem Enthusiasmus betrieben. Finnische Spitzensportler sind vor allem im Wintersport vertreten – aus nahe liegenden Gründen. Sich routiniert auf Kufen oder Skiern zu bewegen, ist etwas ganz Selbstverständliches. Weshalb der König hier auch nicht Fußball heißt, sondern Eishockey. Nur Motorsport erreicht ähnliche Popularität. Einige eher seltene Sportarten sind in Finnland sehr populär z. B. Orientierungslauf *(suunnistus)*, Gruppengymnastik *(joukkuevoimistelu)*, Hallenhockey *(sähly)*, finnisches Baseball *(pesäpallo)* – sowie Holzhacken und Schnee schaufeln.

ANGELN & EISANGELN

Das Jedermannsrecht macht's möglich: Wer sich auf einen Stock mit Wurm als Köder beschränkt, braucht keine Angelerlaubnis. Wer dagegen Technik einsetzt und zwischen 18 und 64 Jahre alt ist, zahlt eine Gebühr *(Kalastuksenhoitomaksu)*. Sie kostet derzeit 7 Euro/Woche bzw. 24 Euro/Jahr. Hinzu kommt eine regionale Gewässergebühr *(Viehekalastusmaksu)*, erhältlich u. a. bei *R-Kioski*, Banken, Postämtern und im Internet *(7 Euro/ Woche bzw. 31 Euro/Jahr | www.eraluvat. fi/en)*. Für die Åland-Inseln gelten Son-

Lässt die Herzen höherschlagen: Finnische Wälder und Seen bieten, was Sportler und Erholungssuchende glücklich macht

derbestimmungen. Weitere Infos: *www. fishinginfinland.fi*

EISSCHWIMMEN

Ein Loch im Eis zum Winterschwimmen bieten viele Hotels und Ferienzentren. Probieren Sie es aus! Das sogenannte *Avantounti* stärkt die Abwehrkräfte, hebt die Laune und steigert das Wohlbefinden. Außerdem schlafen Sie danach wie ein Baby. In Tampere ist die **INSIDER TIPP** *Kaupinoja-Sauna (Mo-Fr 16–20.45, Sa 12–*

17.45, So 12–20.45 Uhr, 2. Di im Monat geschl. | 7 Euro | Kaupinpuistonkatu 1a | im UKK-Institut | Tel. 0 32 61 45 72 | www. talviuimarit.fi) am Ufer des Näsijärvi-Sees meist täglich geöffnet.

GOLF

Die Saison ist zwar kurz, doch im Juni und Juli können Sie dafür auf vielen der über 150 finnischen Golfplätze rund um die Uhr spielen. Die Hälfte aller Anlagen sind 18-Loch-Plätze, die meisten stehen auch Gästen offen. Die Green Fee kostet zwischen 45 und 70 Euro pro Tag. Über 20 Plätze liegen im Umland von Helsinki, *Kytäjä Golf (www.kytajagolf.fi)* in Hyvinkää führt die Liste der besten Plätze an. Info: *Suomen Golfliitto (www.golf.fi)*. Karte aller Greens: *www.golf.fi/kenttahaku*

KAJAK & KANU

Endlos sind die Möglichkeiten, sich mit dem Boot in der Natur Finnlands zu erholen. Eine Übersicht der beliebtesten Touren gibt *www.finland.de/paddelrouten,* für das Saimaa-Gebiet ist *www.wildcanoe.com* die beste Adresse. Geführte Touren, Rafting und Ausrüstung vermitteln Touristenbüros. Rudern ist ein Volkssport, ein Ruderboot gehört zu jedem *mökki*. Tradition hat das Kirchbootrudern, bei dem bis zu 16 Ruderer in Zweiergruppen nebeneinander paddeln. *Sulkava Suursoutu* bei Savonlinna ist jährlich ein großes Ruderspektakel, weitere Spektakel hier: *soututapahtumat.fi/tapahtuma*

RAD & MTB

Radfahren und Mountainbiken sind beliebt, die größeren Städte haben meist gute Radwegekarten. Große Überlandstraßen sind fürs Radeln weniger geeignet, hier gibt es meist weder Radwege noch Randstreifen. Planen Sie Radtouren besser über kleine Nebenstraßen, diese sind landschaftlich reizvoller. Umfassende Information zum Radeln gibt die Website *www.pyoraillensuomessa.fi*. In Fernzügen können Räder für 9 Euro, in Nahverkehrszügen für 4 bis 5 Euro mitgenommen werden (außer zu den Stoßzeiten 7–9 und 15–18 Uhr). Bei Überlandbussen das Rad einen Tag vorher anmelden (Transport: 3–10 Euro).

REITEN

Durch seine ruhige Natur ist das finnische Pferd ebenso zuverlässig wie Island- oder Fjordpferde. Ein- bis mehrtägige Ausritte auf Finnpferden organisiert z. B. *www.polarlighttours.fi* in Lappland. Weitere Adressen finden Sie auf Finnisch beim Wanderreitverband *(www.vaellustallit.fi/ratsasta-jasentalleilla)* und bei den örtlichen Touristenbüros.

SEGELN

Die meisten Segler tummeln sich vor den Åland-Inseln und rund um die großen Yachtzentren Oulu, Pietarsaari, Rauma, Turku, Hanko, Loviisa, Kotka und Helsinki. Auch im Seengebiet gibt es schöne Segelrouten und viele kleine Gasthäfen. Adressen von Charterfirmen listet *sail-in-finland.info*. Wegen der Landhebung (8 mm pro Jahr an der Westküste, 3 mm an der Südküste) und der felsigen Schärenküste sollten Sie immer aktuelle Karten verwenden *(www.karttakauppa.fi | www.johnnurminenmarine.com)* und dem Wetterbericht folgen. Fahrten durch den Saimaa-Kanal müssen 14 Tage vorher angemeldet werden *(www.fma.fi)*.

WANDERN

Beste Bedingungen zum Wandern bieten 37 Nationalparks und neun ausgewiesene Wandergebiete mit Wegen unterschiedlicher Schwierigkeit und Länge, Feuerstellen und Wildnishütten. Machen Sie sich stets bewusst, dass Sie fernab von möglicher Hilfe unterwegs sind: Neben richtiger Kleidung und guten Schuhen gehören Kompass, Karte, Proviant, Verbandszeug sowie Mücken- und Regenschutz in den Rucksack. Info: *www.outdoors.fi, www.visitfinland.com*. Karten: *www.excursionmap.fi*

WELLNESS

Von dem Spruch „Wenn Sauna, Teer und Wodka nicht helfen, ist es tödlich" hat sich Finnland weit entfernt – oder doch nicht? Sauna bleibt das wichtigste Wellnessritual, dem alle Finnen regelmäßig frönen. Wie es richtig geht, erklärt die *Finnische Saunagesellschaft (www.sauna.fi)* auf ihrer Website. Das Spa *(kylpylä)* ist in Finnland ebenfalls sehr populär. Vom Luxus-Verwöhnspa großer Hotelketten bis zur Naturheiloase findet man alles, manchmal weit entfernt, wie im *Rokua Geopark (www.rokuageopark.fi)*. 16 finnische Spas listet *www.spa.fi*, Touristeninformationen vor Ort helfen gern weiter. Neues wird, wie beim Saunayoga, integriert, aber Traditionen werden gepflegt: Rentiermilch, Moltebeerenextrakt, Teershampoo und Torfpackungen. *Jäsenkorjaus*, finnische Gliederkorrektur, hat seine Wurzeln im Kalevala und hilft nachweislich bei allen Schmerzen im Bewegungsapparat *(www.perinteinenjasenkorjaus.fi)*. Das zahnpflegende Xylitol als Süßstoff in Kaugummis wurde in Finnland erfunden so wie das You-App *(www.you-app.com)*.

WINTERSPORT

Nördlich von Rovaniemi liegt Schnee von Oktober bis Anfang Mai. Die trockene Luft und Spezialkleidung machen Temperaturen von minus 30 Grad einigermaßen erträglich. Es gibt 72 Skiresorts in Finnland *(www.ski.fi)*, das größte ist Ylläs mit 63 Pisten und der längsten Piste des Landes *(www.yllas.fi)*. Levi und Ruka sind beliebt wegen ihres guten Après-Ski Angebots. Über 5500 km Loipen werden jedes Jahr gespurt. Auf *www.kartta.latutilanne.fi* sind die Langlaufgebiete und relativ zeitnah der aktuelle Zustand der Loipen verzeichnet. Lahti ist Zentrum für die Nordischen Disziplinen *(www.lahti.fi)*. Populär sind Schlittschuhtouren auf gefrorenen Seen. Informationen in den Touristeninformationen.

Biker in Aktion: Wälder zum Downhill gibt es in Finnland genügend

MIT KINDERN UNTERWEGS

Reisen mit Kindern ist in Finnland un-kompliziert. Hochstühle, Wickelplätze, Babybetten und Spielecken gehören zum Standard. Museen bieten meist gute Angebote für Kinder. Spielplätze sind intelligent gemacht und sicher.

HELSINKI UND SÜDKÜSTE

KORKEASAARI ZOO (134 C5) (*[]* E14)
Die 150 faszinierenden Tierarten des Zoos, darunter der vom Aussterben be-drohte Amur-Leopard,   leben idyllisch auf einer großen Insel vor Helsinki. *Tgl. Mai–Aug. 10–20, April/Sept. 10–18, Okt.– März 10–16 Uhr | Erw. 12, Kinder 6–17 J. 6 Euro, mit Raddampfer ab Kauppato-ri 18/9 Euro | Korkeasaari-Insel | www. korkeasaari.fi*

LASTEN KAUPUNKI (U D4) (*[]* d4)
Helsinkis Stadtgeschichte zum Anfassen in der Kinderstadt im Sederholmhaus. *Mo–Fr 11–19, Sa/So 11–17 Uhr | Eintritt frei | Aleksanterinkatu 16–18*

LINNANMÄKI (134 C5) (*[]* E14)
Vergnügungspark in Helsinki u. a. mit Riesenrad und Showbühne *(Tivolikuja 1 | Ende April–Mitte Sept. tgl. 11–22 Uhr | 28–37 Euro | www.linnanmaki.fi). Seali-fe (ganzjährig tgl.)* nebenan.

INSIDER TIPP ▶ SAGALUND
(134 A5) (*[]* D14)
In diesem verträumten Freilichtmuseum wird das alte Finnland lebendig, z. B. im Fotostudio mit Kostümverleih und bei der Zeitreise (Mi 11–12.30 Uhr). *Juni–Aug.*

tgl. 11–17, Café 11.30–14, Spielhäuser 12–15, Fotostudio 11–17 Uhr | Erw. 6, Kinder 7–16 J. 1, Zeitreise 4 Euro | Museotie 7 | Kemiö | Tel. 02 42 17 38 | www.sagalund.fi

WISSENSCHAFTSZENTRUM HEUREKA

● (134 C5) (*D13*)

Die Welt, die uns umgibt, zum Mitmachen und Experimentieren. *Mo Mi/Fr 10–17, Do 10–20, Sa/So 10–18 Uhr | Erw. 18,50–30,50, Kinder 6–15 J. 13–20,50 Euro | Tikkurila | Vantaa | www.heureka.fi*

APOTHEKENMUSEUM

(132 C4) (*D13*)

Apotheker spielen wie in alten Zeiten, Kräuter abwiegen und etwas über Heilkunst in der Vergangenheit lernen. Das ist im historischen Quenselhaus mit idyllischem Innenhof und Café anschaulich erfahrbar. *Mai–Aug. Di–So 10–18 Uhr | Erw. 4,50, Kinder 7–15 J. 3, 4–6 J. 0,50, Familien 9,50 Euro | Läntinen Rantakatu 13 | Turku | Tel. 0 22 62 02 80*

KURALAN KYLÄMÄKI (132 C4) (*ω) D13*)
Das „Dorf der lebenden Geschichte" präsentiert einen Bauernhof aus den 1950er-Jahren, wo man Tiere füttern, Heu einfahren oder Seife herstellen kann. Archäologische Werkstatt mit altem Werkzeug zum Ausprobieren. *Mai–Mitte Sept. Di–So 10–18 Uhr | Eintritt frei | Jaanintie 45 | Turku | www.turunmuseokeskus.fi*

MUMINLAND (132 B4) (*ω) C13*)
Disneyland auf Finnisch: Muminhaus und Mumins in Lebensgröße und Kindertheater mit der kleinen Myy. *Tgl. Juni–Mitte Aug. 10–18, Ende Aug. 12–18, Feb. 11–17 Uhr | 25 Euro | Kaivokatu 5 | Naantali | www.muumimaailma.fi*

PIRATENINSEL VÄSKI (132 B4) (*ω) C13*)
Felswandklettern, Bogenschießen, Seilrutschen und Goldsuchen. *Mitte Juni–Mitte Aug. tgl. 11–18 Uhr | 21 Euro | Naantali | Boot legt ab an der Holzbrücke, die zum Muminland führt | www.väski.fi*

STEINZEITDORF KIERIKKI
(136 D3) (*ω) E8*)
Am Ufer des Iijoki Steine schleifen, im Einbaum paddeln, Fallenbau erlernen, und ein „echter" Steinzeitmensch erzählt aus seinem Leben. *Mo–Fr 10–17, Sa 12–18 Uhr | Erw. 8, Kinder 6–17 J. 4 Euro | Pahkalantie 447a | Yli-Ii | www.kierikki.fi*

STUNDARS (133 F1) (*ω) C10*)
Hier leben schwedischsprachige Finnen aus Ostrobothnien wie im Jahr 1903. Mitmachen erwünscht. Täglich um 13 Uhr: Schulstunde! Mit Café. *Mitte Juni–Mitte Aug. tgl. 11–16 Uhr | Erw. 7 Euro, Kinder bis 17 J. frei | Stundarsvägen 5 | Vaasa | Tel. 0 63 44 22 00 | www.stundars.fi*

WASALANDIA (133 F1) (*ω) C10*)
Im Einbaum die Wildwasserbahn hinunterrasen, auf dem Riesentrampolin durch

die Luft wirbeln, dazu Kletterwände, Krokodilboote, Röhrenlabyrinth. Hauptsache: Bewegung. *Juli 11–19 Uhr, Juni/Aug. unregelmäßig | ab 3 J. 16 Euro | Vaskiluoto | Vaasa | www.wasalandia.fi*

SEENFINNLAND

HIEKKALINNA (135 E4) (*ω) G12*)
Jedes Jahr bauen Künstler in Lappeenranta eine riesige Sandburg, u. a. mit Theater, Hüttendorf und Karussel. *Juni–Aug. | www.hiekkalinna.lappeenranta.fi*

MANNILA LANDURLAUB
(137 E3) (*ω) G11*)
Ein Urlaubsparadies bei Punkaharju: *Landgasthof Mannila (Rantakatintie 22 | Tel. 015 64 44 00 | www. rantakatti.fi | €–€€)* kocht leckere Portionen für Groß und Klein, es gibt 15 Zimmer, Sauna, Bootsverleih und Camping. Nur 400 m weiter finden Pferdefreunde bei *Mannilan ratsutalli (Mo–Fr 16–20, Sa 10–14 Uhr | Tel. 044 9 95 14 15 | www.mannilanratsutalli.com)* Reitunterricht oder Ausritte und 800 m entfernt liegt *Heppokati (Mai Sa/So 11–16, Juni–Aug. tgl. 8–20, Farmtour Mi–So 10.30 Uhr | Jahresticket 10 Euro/Familie | Suolahdentie 8 | Tel. 045 3 42 97 97 | majoitushepokatti.fi)* mit Streichelzoo und Ponykutschfahrten.

MUMINTAL (134 B3) (*ω) D12*)
Wer Mumin, das Snorkfräulein und die anderen Geschöpfen treffen will, kommt her. *Di–Fr 9–17, Sa/So 10–18 Uhr | Erw. 7, Kinder 2 Euro | Puutarhakatu 34 | Tampere | www.muumilaakso.tampere.fi*

SPY MUSEUM (134 B3) (*ω) D12*)
James-Bond-Fans aufgepasst! Hier zeigt man, wie's geht: andere belauschen, die Stimme verzerren, einen Safe knacken und – den Agententest machen.

Deutsches Textbuch erhältlich. *Juni–Aug. Mo–Sa 10–18, So 11–17, Sept.–Mai Mo–Sa 12–18, So 11–17 Uhr | Erw. 8, Kinder 6–17 J. 6 Euro | Satakunnankatu 18 | Tampere | Tel. 0 32 12 30 07 | www.vakoilumuseo.fi*

OSTFINNLAND

HUSKYFARM SAIJA (137 E3) (*m* G7)

Schlittenhunde haben im Sommer Pause. Dann kann man sie besuchen, sie ausführen und sich in kleine Husky-Welpen verlieben. Auch Kanutouren im Angebot. *Mo–Fr 10–12 Uhr | Saijantie 8 | Taivalkoski | Tel. 08 84 75 11 | www.saija.fi*

INSIDER TIPP ▶ PAIMENTUPA KOLI (135 F1) (*m* G10)

Der freundliche Reitstall bietet geführte Ausritte im Nationalpark Koli auf Islandpferden und vermietet auch Sommerhäuser. Der Reitlehrer spricht deutsch. *Nur mit Anmeldung | 1 Std. 30 Euro/Pers., 2 Std. 45 Euro (ab 2 Pers.) | Kotaniemtie 1 | Koli | Tel. 0400 80 27 09 | www.paimentupa.fi*

LAPPLAND

GOLDGRÄBERDORF TANKAVAARA (139 D4) (*m* F4)

Gold schürfen – ein großer Spaß, auch wenn die Schüssel manchmal leer bleibt (8 Euro/Pers.). Das einzige Goldmuseum Europas weiß alles über Goldfieber in Finnland und weltweit. *Juni–Sept. tgl. 9–17, Okt.–Mai Mo–Fr 10–16 Uhr | Erw. 10, Kinder 7–16 J. 5 Euro, unter 5 J. Eintritt frei, Familien 22 Euro | Tankavaarantie 11 c | Tankavaara | Tel. 0 16 62 61 71 | www.tankavaara.fi*

LAMPIVAARA AMETHYSTMINE (139 D5) (*m* F5)

Auf der spannenden Führung unter die Erde einen Glücksamethyst finden und

ihn mitnehmen! *Immer zur vollen Stunde Juni–Mitte Aug. tgl. 11–17, Mitte Aug.–Ende Sept. tgl. 11–16, Okt. Di–So 11–15, Dez.–April Mo–Sa 11 u. 14 Uhr | Erw. 16, Kinder 3–12 J. 9 Euro | Pyhä-Luosto-Nationalpark | www.amethystmine.fi*

Großer Spaß im Muminland: Die nilpferdartigen Trolle warten schon

INSIDER TIPP ▶ RANUA WILDLIFE PARK (137 D2) (*m* F7)

Im nördlichsten Zoo der Welt leben die Tiere in ihrer natürlichen Umgebung. Bär, Luchs, Auerhahn sowie Uhu, Kranich, Polarfuchs und viele andere Arten gilt es, hier zu entdecken. *Mökkis* und Restaurant bietet der Park ebenfalls. *tgl. Sept.–Mai 10–16, Juni–Aug. 9–19 Uhr | Erw. 16, Kinder 4–14 J. 13 Euro | Rovaniementie 29 | Ranua | Tel. 0 16 3 55 19 21 | www.ranuazoo.com*

EVENTS, FESTE & MEHR

Ob zum Tangotanzen nach Seinäjoki oder zum Rockfestival nach Joensuu, Infos zu allen Events unter: *www.festivals.fi*

FESTE & VERANSTALTUNGEN

FEBRUAR/MÄRZ

Musica nova (*www.musicanova.fi*): bedeutendes europäisches Festival für Gegenwartsmusik, 14 Tage in Helsinki

Musikfestspiele Oulu (*www. oulunmusiikkijuhlat.fi*): Klassik im hohen Norden

APRIL

April Jazz Espoo (*www.apriljazz.fi*): eine Woche internationale Jazzgrößen

Tanssivirtaa Tampere (*www.tanssivirtaa. net*): Hier dreht sich alles um den zeitgenössischen finnischen Tanz.

MAI

Chorfestival Vaasa (*www.vaasa.fi/ choirfestival*): finnische Chöre, von Barbershop bis Opergesang

Sibelius Finland Experience: Mitte Mai bis Mitte Sept. begeistern die besten Absolventen der Sibelius-Akademie und Gastmusiker mit Livekonzerten und Visual Art das Publikum in dem wunderschönen Jugendstilsaal, im Kansallissali.

JUNI

Internat. Tanzfestival Kuopio (*www. kuopiodancefestival.fi*): großes Tanzfestival Nordeuropas

Midnight Sun Film Festival Sodankylä (*www.msfilmfestival.fi*): Filme gucken unter der Mitternachtssonne Lapplands

Provinssirock Seinäjoki (*www. provinssirock.fi*): Rockstars auf dem Land, absolut unprovinziell

Mittsommerfest: landesweite Party, mit Sonnenwendfeuer, Tanz, alten Johannisbräuchen

JULI

Korsholmer Musikfestspiele (*www. korsholmmusicfestival.fi*): Kammermusik an einzigartigen Konzertorten der Inselwelt bei Korsholm/Vaasa

● **Tangofestival Seinäjoki** (*www. tangomarkkinat.fi*): In der Hauptstadt der sentimentalen Schwermut erobert das Volk die Straßen im Tanz.

Kammermusikfestspiele Kuhmo (*www. kuhmofestival.fi*): begnadete Kammermusiker in der Wildnis Ostfinnlands

Kaustinen Folk Musik Festival (*www. kaustinen.net*): größtes und ältestes Fest für Folkmusik im Norden

Ilosaarirock Joensuu (*www.ilosaarirock. fi*): einer der größten Rockevents auf fünf

Bühnen, die 21 000 Tickets sind lange im Voraus ausverkauft.

Pori Jazz *(www.porijazz.fi):* 15 000 Jazzfreunde erleben Künstler von Weltruf.

⭐ ***Opernfestspiele Savonlinna*** *(www.operafestival.fi):* Aufführungen der Spitzenklasse in herrlicher Burgkulisse

AUGUST

INSIDER TIPP ***Flow Festival:*** tolle Rap-Indie-Alternativ-Soul-Mischung in Helsinki

Internationales Theaterfestival Tampere *(www.teatterikesa.fi):* Schaufenster der besten finnischen und internationalen Theaterproduktionen

Helsinki Festwochen *(www.helsinkifestival.fi):* drei Wochen Programm und „lange Nacht der Künste"

Pyhä unplugged & Luosto Classic: Musikerlebnisse im Freilichttheater *Aittakuru* im Pyhä-Luosto-Nationalpark

SEPTEMBER

Int. Sibeliusfestival Lahti *(www.sinfonialahti.fi):* kleine, anspruchsvolle Konzertreihe, dem Meister gewidmet

NOVEMBER

Tampere Jazz Happening *(www.tampere.fi/jazz):* draußen cool, innen hot. Freejazz, Rock und Weltmusik

DEZEMBER

Weihnachtsmärkte in Helsinki: ***Thomas-Markt*** (Esplanadenpark), ***Frauen-Basar*** (in Wanha Satama), ***Kunsthandwerks-markt*** (im Alten Studentenhaus) Informationen: *www.hel.fi*

FEIERTAGE

1. Jan.	Neujahr
6. Jan.	*Loppiainen* (Dreikönigstag/Weihnachten der russisch-orthodoxen Kirche)
März/April	*Pitkäperjantai* (Karfreitag); *Pääsiäinen* (Ostern)
1. Mai	*Vappu* (Maifeiertag, Tag der Arbeit/ Studentenfest)
Mai/Juni	*Helatorstai* (Christi Himmelfahrt); *Helluntai* (Pfingsten)
Fr/Sa nach dem 20. Juni	
	Juhannus (Mittsommerfest)
6. Dez.	*Itsenäisyyspäivä* (Unabhängigkeitstag)
24.–26. Dez.	*Joulu* (Weihnachten)

LINKS, BLOGS, APPS & CO.

www.luontoportti.com/suomi/de Natur gibt es in Finnland reichlich. Es blüht, zwitschert, duftet – und oft genug steht man staunend, aber ahnungslos davor. Dann hilft dieses Online-Bestimmungsbuch weiter: mit Fotos und Beschreibungen für alle finnischen Pflanzen, Vögel, Schmetterlinge, Fische und Landschaften

www.museot.fi/en.php Sehr praktisch: 925 Museen mit Kurzbeschreibung, Adresse, Ausstellungsplan und Öffnungszeiten, samt Suchfunktion nach Ort, Museumstyp oder Name

www.eat.fi Wie bewerten Einheimische Restaurants und Lokale? Die Stufen sind eine gute Richtlinie, um herauszufinden, wo Finnen essen gehen (ab Stufe 3 = gut). Bewertet werden Kochkunst, Preis-Leistungs-Verhältnis und Erlebniswert. Adressen, Karte und Öffnungszeiten

aurora.fmi.fi/public_service Der finnische Wetterdienst informiert Sie durch einen Meldedienst, wenn die Sonnenaktivität so hoch ist, dass Nordlichter wahrscheinlich werden. Einfach eine E-Mail schicken an *aurorasnow-feed@posti.fmi.fi*

short.travel/fin2 Eine interaktive Karte der beliebtesten Badestrände in Finnland, von den Lesern der YLE Uutiset. Traumstrand Nr.1: Yteri in Pori

www.marcopolo.de/finnland Alles auf einen Blick zu Ihrem Reiseziel: interaktive Karten inklusive Planungsfunktion, Impressionen aus der Community, aktuelle News und Angebote …

www.saksalaiset.fi/forum Deutsche, die in Finnland leben, teilen Freud, Leid und Informationen miteinander

myyratohtori.wordpress.com *Myyratohtori,* Mäusedoktorin: Auf diesen Spitznamen haben finnische Biologen eine deutsche Studentin getauft, die vor einem Jahrzehnt in den Norden zog, um ihre Doktorarbeit zu schreiben. Sie verlor ihr Herz an Finnland, blieb und bloggt seither. Liebe-

volle Alltagsbeobachtungen von Mäusen und Menschen

www.goodnewsfinland.com Online-Rundbrief des unabhängigen Finn-facts-Medienbüros mit neuesten Erfolgen und Projekten der finnischen Wirtschaft

short.travel/fin3 Im Filmarchiv des finnischen TV-Senders YLE finden Sie historische Videos über Finnland. Auch ohne Sprachkenntnisse spannend

VIDEOS & MUSIK

short.travel/fin12 Zwei amerikanische Sunnyboys bei der Weltmeisterschaft im Frauentragen 2014 in Sonkajärvi zeigen, wie verrückt Finnland sein kann

short.travel/fin14 Dieser Film zeigt eindrücklich, dass in der finnischen Hauptstadt Graffiti kein Ärgernis ist, sondern als Kunst inszeniert wird

short.travel/fin15 Hier erfahren Sie, wie finnische Baumeister das traditionelle Holzhaus errichten: nur mit Baumstämmen, Axt und Geschick – auch ohne Sprachkenntnisse sehr aufschlussreich

short.travel/fin16 Ein gelungener Einblick des Senders arte in die Arbeit des Eisbrechers Kontio und seiner unermüdlichen Besatzung im Einsatz für die Schifffahrt im Winter

Hei Finland Dank dieser Gratis-App können Sie auf 100 Audiodateien die wichtigsten finnischen Redewendungen mit korrekter Aussprache und Betonung hören

APPS

Finland: Business Traveler's Passport Der „Knigge für Geschäftsleute". Viele der Gepflogenheiten lassen sich auch auf den Privatbereich übertragen. Für iPhone

Finland Topography Lite Mit dieser Topografiekarte (online und offline) in App-Form (Android) gehen Sie in der Wildnis bei Wanderungen und Fahrradtouren auf Nummer sicher

Stellplatz Scandinavia Die Stellplatzsuche für Camper und Wohnmobile ist dank dieser App für Android und iOS ohne Kopfschmerzen garantiert

PRAKTISCHE HINWEISE

ANREISE

 Finnland ist am schnellsten mit dem Flugzeug zu erreichen. Direktflüge aus Deutschland zum internationalen Flughafen Helsinki-Vantaa dauern zwei bis drei Stunden. Sie sind täglich im Angebot bei *Finnair, Lufthansa* und *SAS,* regelmäßig bei *Swiss, KLM* oder *Air France*. *Ryanair, Air Berlin, Air Baltic* und *Norwegian* bieten unregelmäßige Billigflüge. Finnland hat 20 Inlandflughäfen, die alle über Helsinki angeflogen werden. An den Airports gibt es Shuttlebusse von Finnair in den jeweiligen Ort (Kosten: 6,30 Euro). Vom Flughafen Helsinki verkehrt die Buslinie 615 (5 Euro) ins Zentrum, der Bus 61 fährt zum Bahnhof Tikkurila. Die neue Ringbahn fährt alle 10 bis 15 Minuten zum Hauptbahnhof (30 Min.). Ein Sammeltaxi kostet 20–25 Euro (Fahrzeit ca. 35 Min.).

 Wer sein eigenes Auto mitbringen möchte, nutzt die Fähren Travemünde–Helsinki der *Finnlines Reederei* oder Rostock–Helsinki von *Tallink-Silja.* Weitere Fährverbindungen, auch über Stockholm, Danzig oder Tallinn, und Kombinationen mit Flugreisen finden Sie unter *www.ferrycenter.fi* und *www.directferries. de.* Auf dem Landweg erreichen Sie Finnland entlang der Ostküste Schwedens bis Tornio oder, landschaftlich schöner, entlang der norwegischen Küste. Per Bahn geht es über Kopenhagen nach Stockholm und von hier mit der Fähre nach Turku oder ab Kapellskär nach Naantali. Vier Mal täglich fährt ein Zug zwischen Helsinki und St. Petersburg und täglich ein Nachtzug nach Moskau.

GRÜN & FAIR REISEN

Auf Reisen können auch Sie viel bewirken. Behalten Sie nicht nur die CO_2-Bilanz für Hin- und Rückreise im Hinterkopf *(www.atmosfair.de; de.myclimate.org)* – etwa indem Sie Ihre Route umweltgerecht planen *(www.routerank.com)* –, sondern achten Sie auch Natur und Kultur im Reiseland *(www.gate-tourismus. de; www.ecotrans.de).* Gerade als Tourist ist es wichtig, auf Aspekte wie Naturschutz *(www.nabu.de; www. wwf.de)*, regionale Produkte, wenig Autofahren, Wassersparen und vieles mehr zu achten. Wenn Sie mehr über ökologischen Tourismus erfahren wollen: europaweit *www.oete.de*; weltweit *www.germanwatch.org*

AUSKUNFT

FINNISCHE ZENTRALE FÜR TOURISMUS
Die Finnische Zentrale für Tourismus ist nur durch das Touristenportal *www. visitfinland.com* erreichbar. Die Informationen (auch auf Deutsch) werden regelmäßig aktualisiert.
Ansprechpartner für Fragen aller Art ist die Deutsch-Finnische Gesellschaft *(Tel. 0711 518 11 65 | www.deutsch-finnische-gesellschaft.de).* Die Organisation betreibt das Portal *www.dfg-portal.de.*

AUTO

Finnland hat ein gut ausgebautes Straßennetz. Es herrscht Rechtsverkehr sowie Gurtpflicht auf Vorder- und Rücksitz. Das

Von Anreise bis Zoll

Urlaub von Anfang bis Ende: die wichtigsten Adressen und Informationen für Ihre Finnlandreise

Abblendlicht muss immer eingeschaltet sein. Die Alkoholhöchstgrenze liegt bei 0,5 Promille. Die Höchstgeschwindigkeit in geschlossenen Ortschaften beträgt 50 km/h, außerhalb 80 bis 100 km/h, auf Autobahnen in Südfinnland 120 km/h. Halten Sie sich an diese Vorgaben, es gibt zahlreiche Überwachungskameras. Im Straßenverkehr gilt rechts vor links, andernfalls ist nur Vorfahrt-Achten ausgeschildert. Ausnahme: Autos im Kreisverkehr, abfahrende Busse und Straßenbahnen haben immer Vorfahrt.

Das Tankstellennetz ist gut ausgebaut. Angeschlossen sind häufig Cafés, Imbisse und Lebensmittelläden. Mehrsprachige 24-Std.-Tankautomaten, die Standard-Kreditkarten akzeptieren, sind verbreitet. In Nordfinnland und Lappland ist die Netzdichte geringer, Etappen gut planen (Übersicht über die Tank- und Raststätten: *www.abcasemat.fi, www.neste.fi, www.teboil.fi*). Wer im Winter über Land fährt, sollte unbedingt Schneeketten, Schaufel, Abschleppseil, Startkabel, Sandsack, Decken (!) im Gepäck haben.

AUTOPANNE

24-Std.-Pannendienst bietet auch Autofahrern mit ausländischen Kennzeichen die Organisation *Autoliitto*, die vergleichbar ist mit dem ADAC: *Tel. 0200 80 80 (*) | www.autoliitto.fi*

DIPLOMATISCHE VERTRETUNGEN

BOTSCHAFT DER BUNDESREPUBLIK DEUTSCHLAND
Krogiuksentie 4B | Helsinki | Tel. 09 45 85 80 | www.helsinki.diplo.de

BOTSCHAFT DER REPUBLIK ÖSTERREICH
Unioninkatu 22 | Helsinki | Tel. 0 96 81 86 00 | www.aussenministerium.at/helsinki

BOTSCHAFT DER SCHWEIZ
Uudenmaankatu 16a | Helsinki | Tel. 0 96 22 95 00, in Notfällen: Tel. 050 3 01 71 28 | www.eda.admin.ch/helsinki

EINREISE

Bei Aufenthalten unter drei Monaten genügt für Bürger der EU und der Schweiz der Personalausweis.

ERMÄSSIGUNGEN

Im Sommer bieten viele Hotels Preisnachlässe – fragen Sie vor dem Einchecken nach Rabatten. Mit *Helsinki Card* und *Turku Card* gibt es jeweils freien Eintritt in Museen und bei Sightseeingtouren sowie Ermäßigung in vielen Restaurants, Shops und Sehenswürdigkeiten (*Gültigkeitsdauer 24, 48, in Helsinki auch 72 Std. | Turku 24/32, Helsinki 44/54/64 Euro*).

GELD & KREDITKARTEN

Zahlungsmittel ist der Euro, Kartenzahlung ist weit verbreitet. Mit der EC-Karte kann man an Bankautomaten problemlos Geld abheben. An den Flughäfen, Bahnhöfen und in den Großstädten gibt es zudem Wechselstuben. Ebenso kann man mobil bezahlen über Handy/Smartphone z. B. für Bus und Metro, Parkautomaten oder Einkäufe. Da in Finnland alle Beträge auf 5 Cent gerundet werden, sind keine 1- oder 2-Cent-Münzen im Umlauf. Wenn Ihnen ein finnisches Exemplar dieser Münzen in die Hände kommen sollte, bewahren Sie es: Dieses seltene Kleingeld ist bei Sammlern begehrt.

GESUNDHEIT

Die Gesundheitsversorgung ist in Finnland auf einem hohen Niveau und auch abseits der großen Städte gewährleistet. Erkundigen Sie sich bei Ihrem Krankenversicherer, wie er mit Finnland abrechnet, und nehmen Sie Ihre Europäische Krankenversicherungskarte (EHIC) mit. Durch ein entsprechendes Abkommen ist zwischen Finnland, Deutschland und Österreich eine kostenlose ambulante Versorgung bei Unfällen oder Erkrankungen gewährleistet.

HUNDE

Hunde benötigen den EU-Heimtierpass, sie müssen gechipt und im Monat vor der Reise entwurmt worden sein. Fast überall herrscht Leinenzwang, für Auslauf und Hundegesellschaft gibt es häufig eingezäunte Hundeparks. Größere Hotels bieten oft Zimmer für Hundebesitzer, viele Vermieter von Sommerhäusern akzeptieren keine Tiere. Auf den Fähren ist die Zahl der Hundekabinen begrenzt. Sehenswürdigkeiten und Badestrände sind für Hunde tabu. Karte der Hundeparks *(koirapuisto)*, tierfreundliche Restaurants *(ravintola)* und Hundebadestrände *(uimaranta): www.tassutkartalla.fi.*

INTERNETZUGANG & WLAN

Offenes WLAN ist weit verbreitet. Darüber hinaus findet man Wi-Fi meist in Hotels, Touristeninformationen und Büchereien. Helsinki unterhält ein High-Speed-Wi-Fi-Netz in allen öffentlichen Gebäuden der Stadt *(*Übersichtskarte: *short.travel/fin17)*. Auf dieser Seite finden Sie 1830 Hotspots in ganz Finnland: *www.hotspots.fi/pikahaku.php* (entsprechenden Ortsnamen eingeben).

JEDERMANNSRECHT

Das uralte Gewohnheitsrecht genehmigt, sich in der Natur frei zu bewegen und für den Eigenbedarf Blumen, Beeren und Pilze zu pflücken, solange diese nicht geschützt sind. Kurzfristiges Zelten überall, auch auf Privatgrund, ist mit Abstand zu den Gebäuden erlaubt, ebenso an Ufern mit dem Boot anzulegen. Zum Schutz der Natur und zur Bewahrung des sozialen Friedens ist es verboten, Müll in die Natur zu werfen, andere zu stören, brütende Vögel und Wildtiere zu beunruhigen, Bäume zu fällen, Haustiere frei laufen zu lassen, Holz auf Privatgrund zu sammeln und allgemein die Natur zu schädigen. Offenes Feuer ist nur an ausgewiesenen Feuerstellen gestattet.

KLIMA

In Finnland herrscht östliches Kontinentalklima. Dies bedingt arktisch-kalte Temperaturen im Winter (bis zu -40°C) und warme bis heiße Tage im Sommer (bis zu 30°C), sodass die Wassertemperaturen durchaus 20°C erreichen. Es ist selten schwül und am Abend wird es schnell kühl. Die nördliche Lage bedingt lange, helle Tage im Sommer und kurze, dunkle Tage im Winter. Nördlich des Polarkreises scheint im Sommer die Mitternachtssonne, im Winter herrscht Polarnacht mit Nordlichtern. Touristische Hochsaison im Sommer ist Mitte Juni bis Mitte August, im Winter Anfang Februar bis Ende April. Wettervorhersagen: *en.ilmatieteenlaitos.fi*

MEDIEN

Internationale Zeitungen gibt es am Flughafen Helsinki sowie in den Bahnhöfen der großen Städte. Einige Medien sind oft bei *R-Kioski*, in Buchhandlungen und in manchen Supermärkten zu finden. Die englischsprachige *Helsinki Times* erscheint donnerstags an Kiosken und in Buchhandlungen oder im Internet *(www.helsinkitimes.fi)*. Tägliche Nachrichten in Englisch bringt der staatliche Rundfunk *Yle* unter *www.yle.fi/uutiset/news*.

MIETWAGEN

Internationale sowie örtliche Autovermietungen gibt es in jeder größeren Gemeinde. Wohnmobile *(matkailuautot)* sind im Juli stark nachgefragt, rechtzeitig im Voraus buchen! Die Preise sind höher als in Deutschland. Billiger sind Angebote von Privatleuten unter *www.budget.fi* und *www.irent.fi*. Aufgrund der großen Entfernungen auf ausreichend freie Kilometer achten, bei Wohnmobilen ist ein Begleitheft (englisch) nützlich.

MÜCKEN & ANDERE PLAGEN

Mücken *ötökkä* sind untrennbar mit dem finnischen Sommer verbunden. Geeignete Gegenmittel erhalten Sie vor Ort in den Drogerien und Apotheken. Für gemütliche Abende am See gibt es Räucherspiralen, in Lappland nutzen Einheimische auch eine Art Imkernetz vor dem Gesicht. Zecken gibt es südlich der Linie Oulu–Joensuu, ein Risiko zur Übertragung von Borreliose oder Hirnhautentzündung besteht nur auf Åland und an der Westküste bis Oulu. Der Fuchsbandwurm ist in Finnland bisher nicht nachgewiesen, noch können Sie unbesorgt Beeren und Pilze sammeln.

NOTRUF

Die *Polizei* erreichen Sie über die Nummer *112*. Unfälle müssen der *Zentrale der finnischen KFZ-Versicherer* gemeldet werden, die Schadensfälle mit ausländischen Autos abwickelt: *Tel. 040 4 50 45 10*

ÖFFENTLICHE VERKEHRSMITTEL

Finnland lässt sich sehr gut mit der Bahn bereisen, Lappland ist bis Kemijärvi mit Nachtzügen über Oulu gut erreichbar. Es gibt einen Finnrail-Pass für unbegrenzte

WAS KOSTET WIE VIEL?

Kaffee	**3 Euro** *für 1 Tasse*
Bahnticket	**ca. 90 Euro** *für 1 Fahrt Helsinki–Oulu (612 km)*
Bier	**4–5 Euro** *für die Halbe im Lokal*
Busticket	**ca. 25 Euro** *für 1 Fahrt Kuopio–Jyväskylä (144 km)*
Benzin	**ca. 1,33 Euro** *für 1 Liter*
Süßes	**2,20 Euro** *für 1 Tafel Fazer-Schokolade*

Fahrt an 3, 5 oder 10 Tagen/Monat. Fahrpläne und Tickets: *www.vr.fi*. Überlandbusse fahren auch in abgelegenere Teile des Landes. Sie sind günstig, schnell und decken fast 90 Prozent der Straßen ab. Es ist ratsam, vorher online Abfahrtszeiten und Fahrpläne herauszusuchen, da entlegene Haltestellen selten Informationen bieten: *www.matkahuolto.fi, journey.fi/search/en/, www.expressbus.com*. Billige Stadtverbindungen finden Sie unter *www.onnibus.com*.

ÖFFNUNGSZEITEN

Supermärkte haben meist Mo bis Fr von 9 bis 21 und Sa von 9 bis 18 Uhr geöffnet, im Dezember sowie Mitte Juni bis Mitte August auch So von 12 bis 21 Uhr. Sonstige Geschäfte handhaben ihre Zeiten inzwischen sehr individuell. Banken sind meist von 10 bis 16 Uhr geöffnet. Museen und Sehenswürdigkeiten ändern ihre Zeiten saisonbedingt zum Teil erheblich, am besten, Sie fragen in der Touristeninformation nach oder schauen ins Internet. *R-Kioski* sind meist bis 20 Uhr, manche bis 23 Uhr geöffnet, *ABC Servicestationen* 24 Stunden, auch an Wochenenden.

POST

Kernöffnungszeiten der Post: Mo–Fr 9–18 Uhr *(www.posti.fi)*. Für einen Brief nach Deutschland zahlen Sie ab 1,10 Cent. Briefmarken gibt es auch bei *R-Kioski,* in Buchläden, Hotels oder am Bahnhof. Auf dem Land übernehmen zunehmend Supermärkte den Postdienst (Öffnungszeiten der Läden beachten).

PREISE

Wie überall in Skandinavien, sind Lebenshaltungskosten auch in Finnland höher als in Mitteleuropa. Vor allem Obst und Gemüse kosten erheblich mehr, da sie größtenteils importiert oder unter hohen Kosten im Land produziert werden. Deutlich teurer als in Deutschland ist in

WETTER IN HELSINKI

	Jan.	Feb.	März	April	Mai	Juni	Juli	Aug.	Sept.	Okt.	Nov.	Dez.
Tagestemperaturen in °C	-3	-4	0	6	13	19	22	20	15	8	4	0
Nachttemperaturen in °C	-8	-9	-6	0	6	11	14	13	9	4	0	-4
☀	1	2	5	6	8	10	9	7	5	3	1	1
☂	12	9	7	9	7	8	9	10	10	11	11	12
≈	1	1	1	2	5	11	16	16	13	9	5	3

Finnland der Alkohol. Bei Übernachtungen in Hotels lohnt es sich, online nach Angeboten zu suchen.

SPRACHE

Finnisch und Schwedisch sind die Landessprachen in Finnland. Die meisten Finnen sprechen gut Englisch, auch Deutschkenntnisse sind verbreitet.

STROM

230 Volt. Auf die Steckdosen passen normale Eurostecker.

TELEFON & HANDY

Um nach Finnland zu telefonieren, wählen Sie zunächst die internationale Vorwahl *00358,* danach die finnische Vorwahl ohne 0, dann die Teilnehmernummer. Bei Inlandsgesprächen ist die 0 der Vorwahl immer mitzuwählen. Vorwahl nach Deutschland: *0049;* Österreich *0043;* Schweiz *0041.*
In Finnland gibt es keine öffentlichen Telefonzellen, da alles über das Mobiltelefon abgewickelt wird. Finnische Prepaid-Karten gibt es bei *R-Kioski,* an den Tankstellen und in den Läden von *Sonera, Saunalahti, DNA, Elisa* und *Tele-Finland.* Eine Alternative ist eine aufladbare Reise-SIM-Karte: Hier entfallen die Roaminggebühren und die Karte kann auch in anderen Ländern weiterbenutzt werden.

UNTERKUNFT

Es gibt ca. 350 Campingplätze, davon gehören 200 zum Campingverband *(www.camping.fi).* Hier gibt es mit der *Scandinavia Campingcard* (6 Euro) Ermäßigungen. Die meisten Plätze bieten auch günstige Übernachtungshütten für zwei (ab 40 Euro/Tag) oder besser ausgestat-

tete Ferienhäuser (70–120 Euro/Tag). Zelt oder Caravan kosten 10–25 Euro pro Tag, selten mehr. Die meisten Campingplätze bieten Sauna am Wasser und Bootsverleih.
Mökkis gibt es zahlreich und überall: einfache Hütten bei *www.luontoon.fi,* Ferienhütten oder Wildnishütten der staatlichen Forstbehörde über *www.villipohjola.fi,* klassische Ferienmökkis bei *www.lomarengas.fi* und Häuschen direkt vom Besitzer unter *www.huvila.net,* bei *www.fintouring.de* oder unter *www.lomaovi.fi.* Die Preise starten bei 300 Euro und reichen bis weit über 1000 Euro/Woche, je nach Lage, Zeitpunkt und Ausstattung.
Unterkünfte auf ⓥ Biobauernhöfen organisiert der Verein ECEAT *(www.eceat.fi).* Wer sich Kost und Logis durch Mitarbeit verdienen möchte, wendet sich an *www.wwoofinternational.org.*
Finnische *bed & breakfasts* gibt es in wachsender Zahl, sie sind meist schön gelegen und oft nostalgisch eingerichtet. Die Preise liegen zwischen 30 und 80 Euro für ein DZ. Lokale Touristeninformationen und *www.visitfinland.com* stellen Adressen bereit.

ZEIT

Die osteuropäische Zeit ist der mitteleuropäischen um eine Stunde voraus: Uhren um eine Stunde vorstellen.

ZOLL

EU-Bürger können Waren für den persönlichen Bedarf zollfrei einführen, wenn sie bestimmte Obergrenzen nicht überschreiten. Ohne finnische oder schwedische Gesundheitswarnung auf der Packung sind dies z. B. 200 Zigaretten, 50 Zigarren, 250 g Pfeifentabak. Info: *www.tulli.fi.* Bei Einfuhr nach Deutschland: *www.zoll.de.*

SPRACHFÜHRER FINNISCH

AUSSPRACHE

Finnisch wird so gesprochen, wie es geschrieben wird; doppelte Vokale oder Konsonanten sind daher doppelt so lang – das ist wichtig, da sonst Missverständnisse möglich sind (tuuli = Wind, tuli = Feuer). Jedes Wort wird auf der ersten Silbe betont.

AUF EINEN BLICK

ja/nein/vielleicht	kyllä/ei/ehkä
bitte/danke	ole hyvä/kiitos
Entschuldige/Entschuldigen Sie!	Anteeksi!
Darf ich ...?	Saanko ...?
Wie bitte?	Anteeksi, kuinka?
Ich möchte .../Haben Sie ...?	Haluaisin .../Onko teillä ...?
Wie viel kostet ...?	Kuinka paljon maksaa ...?
Das gefällt mir (nicht).	Pidän siitä./En pidä siitä.
gut/schlecht/schlecht	hyvä/huono/paha
kaputt/funktioniert nicht	rikki/se ei toimi
zu viel/viel/wenig	liian paljon/paljon/vähän
alles/nichts	kaikki/ei mitään
Hilfe!/Achtung!/Vorsicht!	Apua!/Huomio!/Varokaa!
Krankenwagen	ambulanssi
Polizei/Feuerwehr	poliisi/palokunta
Verbot/verboten	kielto/kielletty
Gefahr/gefährlich	vaara/vaarallinen
Darf ich dich/Sie/hier fotografieren?	Saanko ottaa sinusta/teistä/täällä valokuvan?

BEGRÜSSUNG & ABSCHIED

Guten Morgen!/Tag!	Hyvää huomenta!/Hyvää päivää!
Gute(n) Abend!/Nacht!	Hyvää iltaa!/Hyvää yötä!
Hallo!/Auf Wiedersehen!	Hei! Terve! Moi!/Näkemiin!
Tschüss!	Heippa! Moikka! Moimoi!
Ich heiße ...	Minun nimeni on ...
Wie heißen Sie?	Mitä teidän nimenne on?
Wie heißt Du?	Mitä sinun nimesi on?
Ich komme aus ...	Minä olen ...

Puhutko Suomea?

„Sprichst Du Finnisch?" Dieser Sprachführer hilft Ihnen,
die wichtigsten Wörter und Sätze auf Finnisch zu sagen

DATUMS- & ZEITANGABEN

Montag/Dienstag	Maanantai/Tiistai
Mittwoch/Donnerstag	Keskiviikko/Torstai
Freitag/Samstag	Perjantai/Lauantai
Sonntag/Werktag	Sunnuntai/arkipäivä
Feiertag	pyhäpäivä
heute/morgen/gestern	tänään/huomenna/eilen
Stunde/Minute	tunti/minuutti
Tag/Nacht/Woche	päivä/yö/viikko
Monat/Jahr	kuukausi/vuosi
Wie viel Uhr ist es?	Paljonko kello on?/Mitä kello on?
Es ist drei Uhr.	Kello on kolme.
Es ist halb vier.	Kello on puoli neljä.
Es ist Viertel vor vier.	Kello on varttia vaille neljä.
Es ist Viertel nach vier.	Kello on varttia yli neljä.

UNTERWEGS

offen/geschlossen	auki/suljettu
Eingang/Einfahrt	sisäänkäynti/sisäänajo
Ausgang/Ausfahrt	uloskäynti/ulos(ajo)
Abfahrt/Abflug/Ankunft	lähtevät (junat)/lähtevät/saapuvat
Toiletten/Damen/Herren	WC (vessa)/Naiset/Miehet
Wo ist ...?/Wo sind ...?	Missä on ...?/Missä ovat ...?
links/rechts	vasemmalla/oikealla
geradeaus/zurück	suoraan eteenpäin/takaisin
nah/weit	lähellä/kaukana
Bus/Straßenbahn/Taxi	linja-auto (bussi)/raitiovaunu/taksi
Parkplatz/Parkhaus	pysäköintialue/pysäköintitalo
Stadtplan/(Land-)Karte	kaupungin kartta/kartta
Bahnhof/Hafen	rautatieasema/satama
Flughafen	lentoasema
Fahrplan/Fahrschein	aikataulu/matkalippu
einfach/hin und zurück	vain meno-(lippu)/menopaluu(matka)
Zug/Gleis	juna/raide
Ich möchte ... mieten.	Haluaisin vuokrata ...
ein Auto/ein Fahrrad	auto/polkupyörä
ein Boot	vene
Tankstelle	huoltoasema
Benzin/Diesel	bensiini/diesel
Ich habe eine Panne./Werkstatt	Autossani on vika./(auto-)korjamo

ESSEN & TRINKEN

Die Speisekarte, bitte.	Saisinko ruokalistan./Toisitteko ruokalistan.
Könnte ich bitte ...haben?	Saisinko ...?
Flasche/Karaffe/Glas	pullo/kannu(ruukku)/lasi
Messer/Gabel/Löffel	veitsi/haarukka/lusikka
Salz/Pfeffer/Zucker	suola/pippuri/sokeri
Essig/Öl	etikka/öljy
Milch/Sahne/Zitrone	maito/kerma/sitruuna
mit/ohne Eis/Kohlensäure	jäillä/ilman jäitä/hiilihappo
Vegetarier(in)/Allergie	kasvissyöjä/allergia
Ich möchte zahlen, bitte.	Lasku, olkaa hyvää.
Rechnung/Quittung	lasku/kuitti
Trinkgeld	juomaraha

EINKAUFEN

Wo finde ich ...?	Missä on ...?
Ich möchte .../Ich suche ...	Haluaisin .../Etsin ...
Apotheke	apteekki
Bäckerei/Markt/Markthalle	leipomo/(kauppa)tori/kauppahalli
Einkaufszentrum/Kaufhaus	ostoskeskus/tavaratalo
Supermarkt/Kiosk	supermarket/kioski
100 Gramm/1 Kilo	sataa grammaa/kilo
teuer/billig/Preis	kallis/halpa/hinta
mehr/weniger	enemmän/vähemmän
aus biologischem Anbau	luomu

ÜBERNACHTEN

Ich habe ein Zimmer reserviert.	Olen varannut huoneen.
Haben Sie noch ...?	Onko teillä vielä ...?
Einzel-/Doppelzimmer	yhden-/kahden-hengen huone
Frühstück/Halbpension	aamiainen/puolihoito
Vollpension	täysihoito
zum See	järvelle
Dusche/Bad	suihku/kylpyhuone
Balkon/Terrasse	parveke/terassi
Schlüssel/Zimmerkarte	avain/huonekortti
Gepäck/Koffer/Tasche	matkatavarat/matkalaukku/kassi, laukku

BANKEN & GELD

Bank/Geldautomat	pankki/pankkiautomaatti
Geheimzahl	salasana

bar/ec-Karte/Kreditkarte	käteinen/ec-kortti/luottokortti
Banknote/Münze	seteli/kolikko
Wechselgeld	vaihtoraha

GESUNDHEIT

Arzt/Zahnarzt/Kinderarzt	lääkäri/hammaslääkäri/lastenlääkäri
Krankenhaus/Notfallpraxis	sairaala/päivystys, ensiapu
Fieber/Schmerzen	kuume/kipu, särky
Durchfall/Übelkeit	ripuli/pahoinvointi
entzündet/verletzt	tulehtunut/loukkaantunut
Pflaster/Verband	laastari/side
Salbe/Creme	voide/ihovoide
Schmerzmittel/Tablette	särkylääke/tabletti

TELEKOMMUNIKATION & MEDIEN

Briefmarke/Brief/Postkarte	postimerkki/kirje/postikortti
Ich brauche eine Telefonkarte.	Tarvitsen puhelinkortin lankapuheli-meen.
Ich suche eine Prepaidkarte fürs Handy.	Etsin prepaidkorttia kännykkääni.
Brauche ich eine spezielle Vorwahl?	Tarvitsenko erikoista suuntanumeroa?
Steckdose/Adapter/Ladegerät	pistorasia/sovitin, adapteri/laturi
Computer/Batterie/Akku	tietokone/paristo/akku
At-Zeichen („Klammeraffe")	miukumauku, ät
Internetadresse (URL)	internet-osoite
E-Mail-Adresse	sähköpostiosoite
Internetanschluss/WLAN	internet-yhteys/wlan
E-Mail/Datei/ausdrucken	sähköposti/tiedosto/tulostaa

ZAHLEN

0	nolla	14	neljätoista
1	yksi	15	viisitoista
2	kaksi	16	kuusitoista
3	kolme	17	seitsemäntoista
4	neljä	18	kahdeksantoista
5	viisi	19	yhdeksäntoista
6	kuusi	20	kaksikymmentä
7	seitsemän	50	viisikymmentä
8	kahdeksan	100	sata
9	yhdeksän	101	satayksi
10	kymmenen	200	kaksisataa
11	yksitoista	1000	tuhat
12	kaksitoista	½	puoli
13	kolmetoista	¼	neljäsosa, neljännes

REISEATLAS

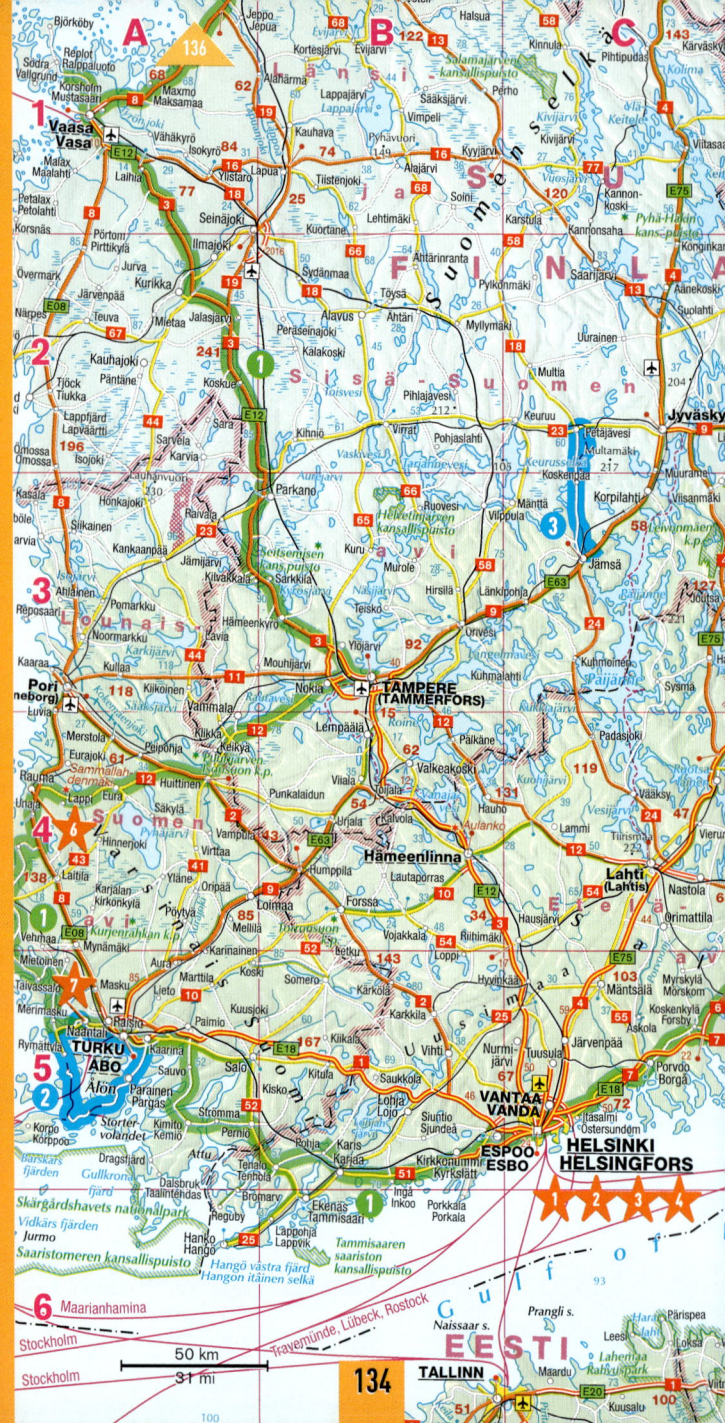

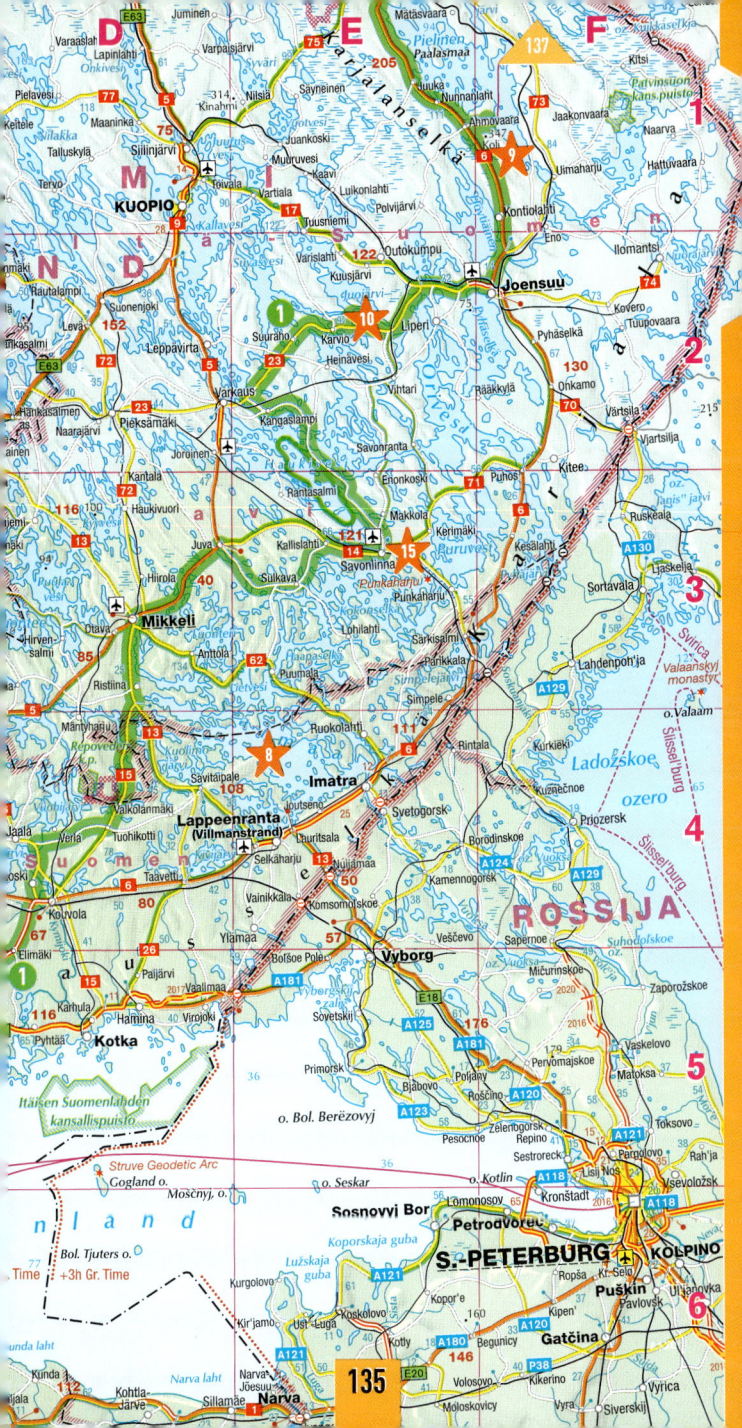

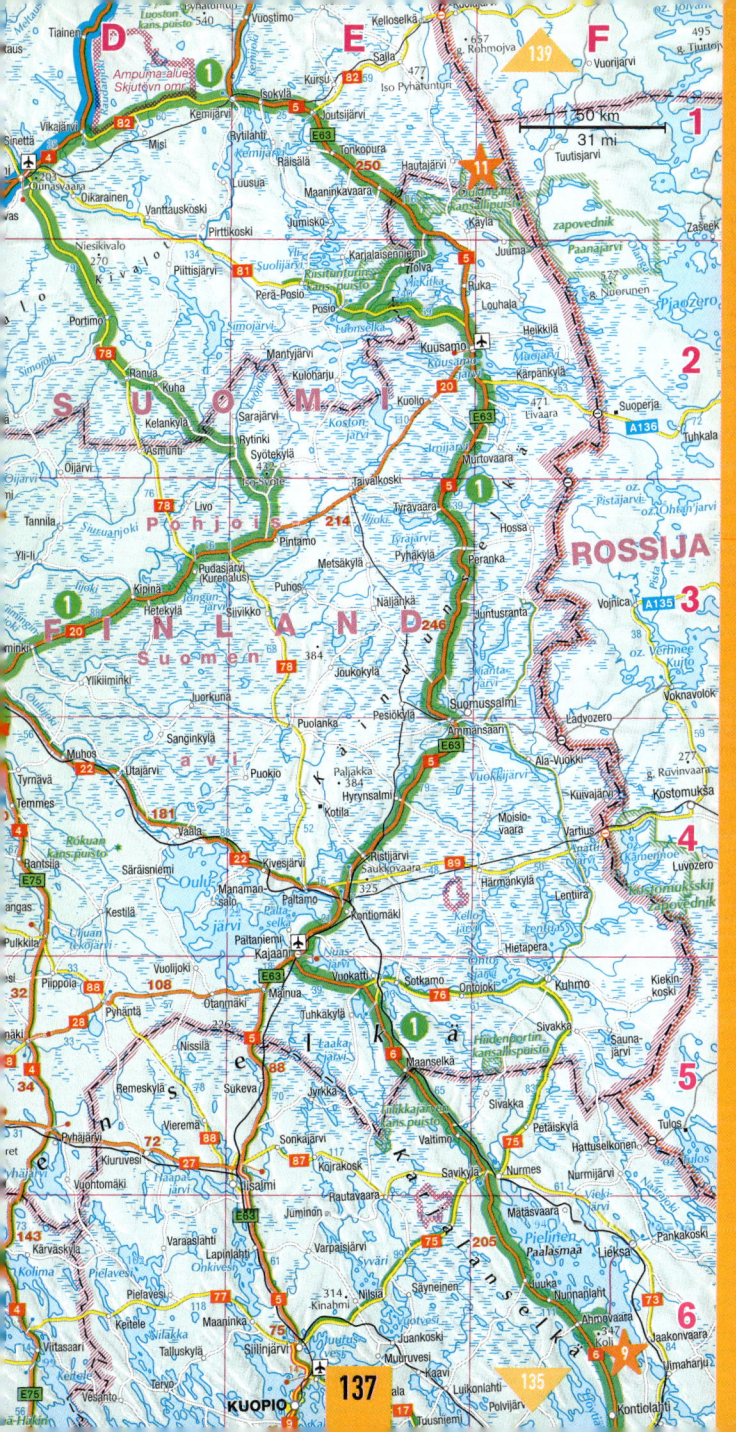

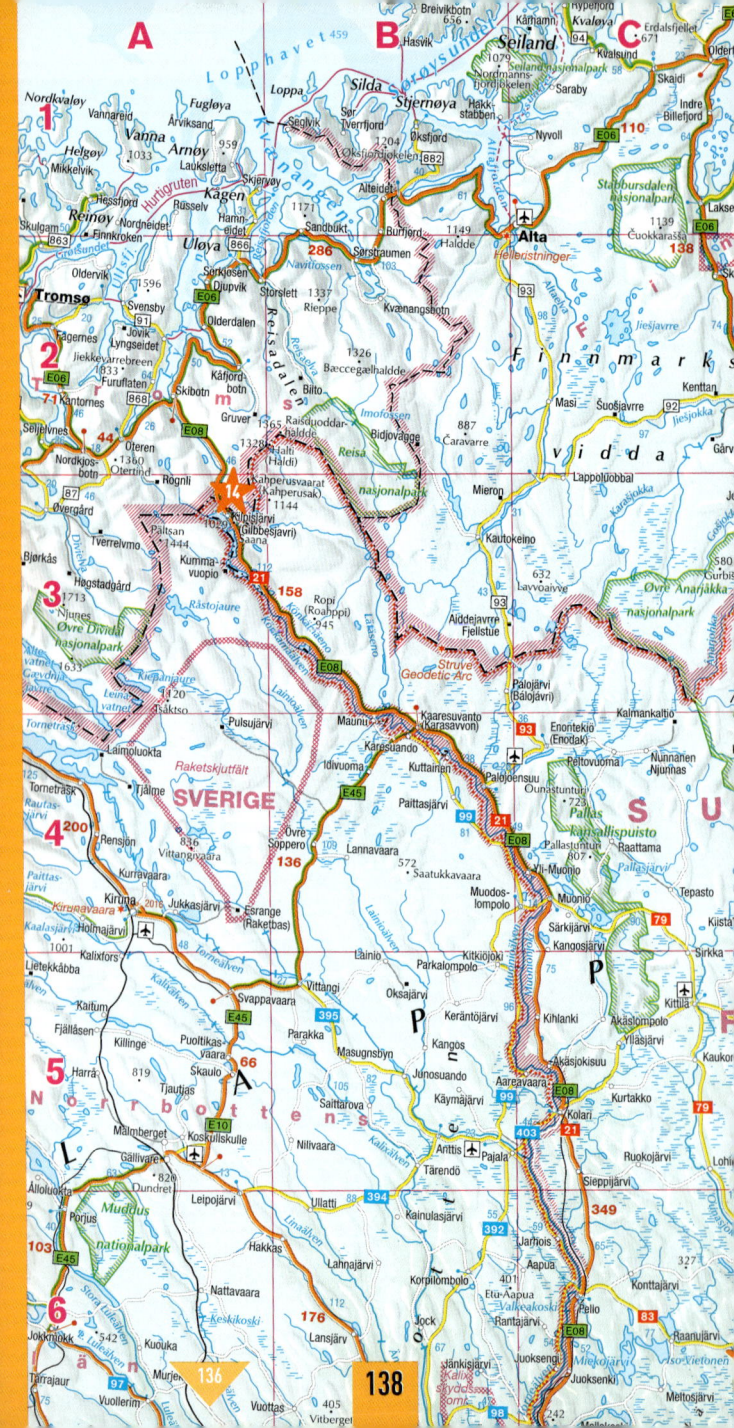

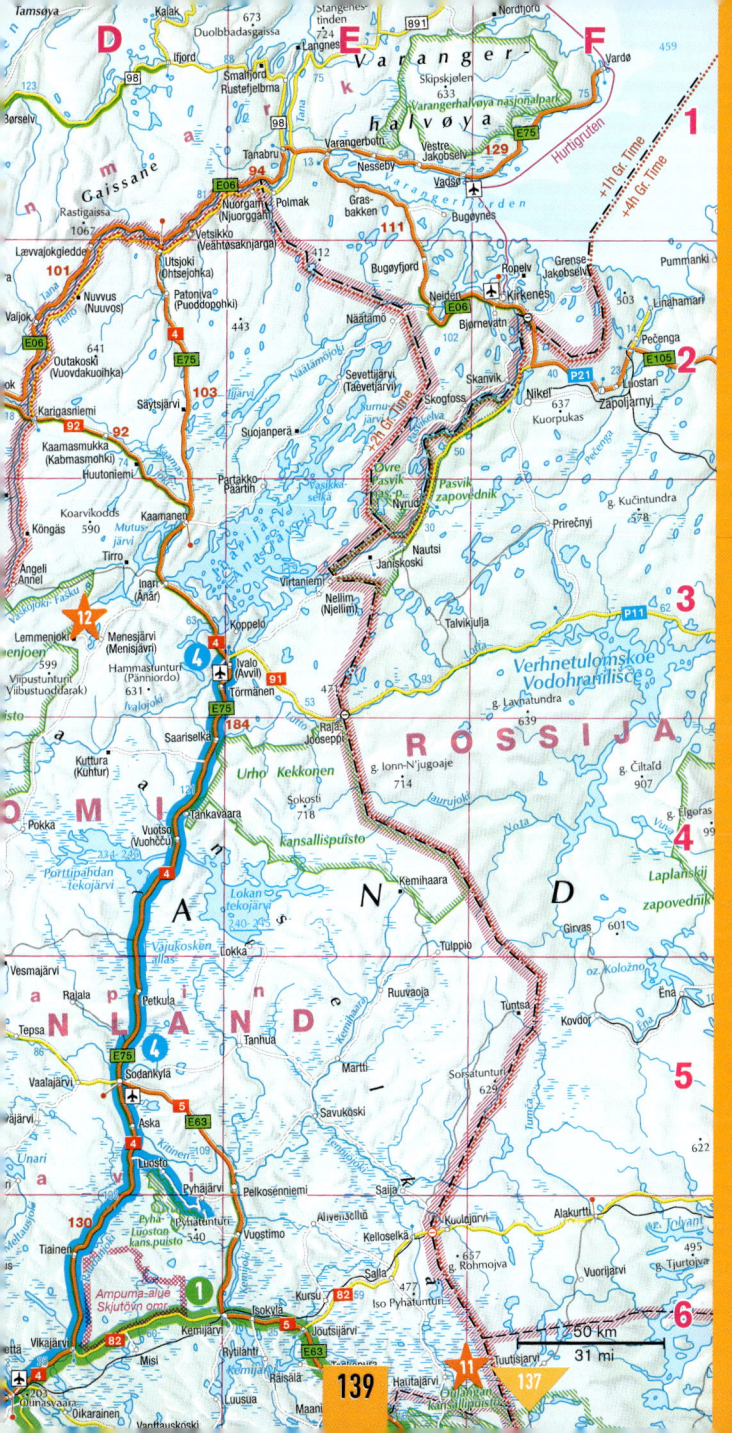

KARTENLEGENDE

Autobahn, mehrspurige Straße – in Bau Highway, multilane divided road – under construction		Autoroute, route à plusieurs voies – en construction Autosnelweg, weg met meer rijstroken – in aanleg
Fernverkehrsstraße – in Bau Trunk road – under construction		Route à grande circulation – en construction Weg voor interlokaal verkeer – in aanleg
Hauptstraße Principal highway		Route principale Hoofdweg
Nebenstraße Secondary road		Route secondaire Overige verharde wegen
Fahrweg, Piste Practicable road, track		Chemin carrossable, piste Weg, piste
Straßennummerierung Road numbering	E20 11 70 26	Numérotage des routes Wegnummering
Entfernungen in Kilometer Distances in kilometers	130 **259** 129	Distances en kilomètres Afstand in kilomètres
Höhe in Meter – Pass Height in meters – Pass	1365	Altitude en mètres – Col Hoogte in meters – Pas
Eisenbahn – Eisenbahnfähre Railway – Railway ferry		Chemin de fer – Ferry-boat Spoorweg – Spoorpont
Autofähre – Schifffahrtslinie Car ferry – Shipping route		Bac autos – Ligne maritime Autoveer – Scheepvaartlijn
Wichtiger internationaler Flughafen – Flughafen Major international airport – Airport	✈ ✈	Aéroport importante international – Aéroport Belangrijke internationale luchthaven – Luchthaven
Internationale Grenze – Provinzgrenze International boundary – Province boundary		Frontière internationale – Limite de Province Internationale grens – Provinciale grens
Unbestimmte Grenze Undefined boundary		Frontière d'Etat non définie Rijksgrens onbepaalt
Zeitzonengrenze Time zone boundary	-4h Greenwich Time -3h Greenwich Time	Limite de fuseau horaire Tijdzone-grens
Hauptstadt eines souveränen Staates National capital	**OSLO**	Capitale nationale Hoofdstad van een souvereine staat
Hauptstadt eines Bundesstaates Federal capital	**Nancy**	Capitale d'un état fédéral Hoofdstad van een deelstaat
Sperrgebiet Restricted area		Zone interdite Verboden gebied
Nationalpark National park		Parc national Nationaal park
Antikes Baudenkmal Ancient monument	∴	Monument antiques Antiek monument
Sehenswertes Kulturdenkmal Interesting cultural monument	★ Chambord	Monument culturel interéssant Bezienswaardig cultuurmonument
Sehenswertes Naturdenkmal Interesting natural monument	★ Gorges du Tarn	Monument naturel interéssant Bezienswaardig natuurmonument
Brunnen Well	◡	Puits Bron
MARCO POLO Erlebnistour 1 MARCO POLO Discovery Tour 1		MARCO POLO Tour d'aventure 1 MARCO POLO Avontuurlijke Routes 1
MARCO POLO Erlebnistouren MARCO POLO Discovery Tours		MARCO POLO Tours d'aventure MARCO POLO Avontuurlijke Routes
MARCO POLO Highlight	★1	MARCO POLO Highlight

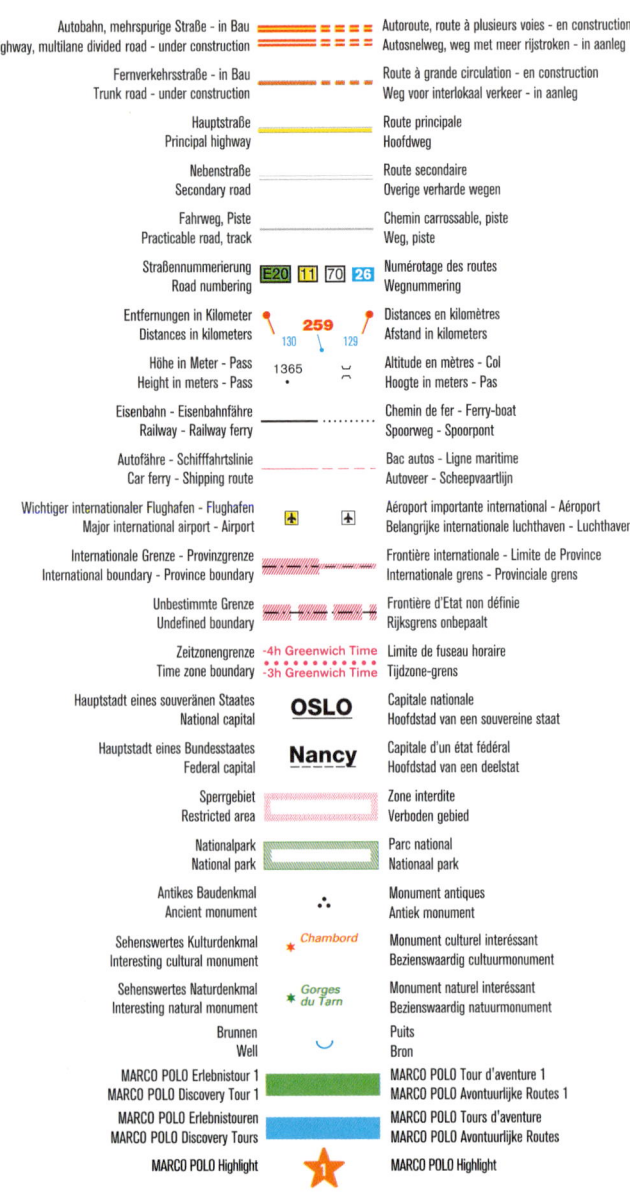

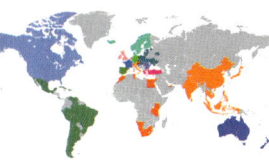

REGISTER

In diesem Register sind alle in diesem Reiseführer erwähnten Orte und Ausflugsziele verzeichnet. Gefettete Seitenzahlen verweisen auf den Haupteintrag.

IMPRESSUM

SCHREIBEN SIE UNS!

Egal, was Ihnen Tolles im Urlaub begegnet oder Ihnen auf der Seele brennt, lassen Sie es uns wissen! Ob Lob, Kritik oder Ihr ganz persönlicher Tipp – die MARCO POLO Redaktion freut sich auf Ihre Infos.
Wir setzen alles dran, Ihnen möglichst aktuelle Informationen mit auf die Reise zu geben. Dennoch schleichen sich manchmal Fehler ein – trotz gründlicher Recherche unserer Autoren/innen. Sie haben sicherlich Verständnis, dass der Verlag dafür keine Haftung übernehmen kann.

MARCO POLO Redaktion
MAIRDUMONT
Postfach 31 51
73751 Ostfildern
info@marcopolo.de

IMPRESSUM

Titelbild: Haukivesi See (Look: T. Stankiewicz)

Fotos: Café Daja (19 o.); DuMont Bildarchiv: Krüger (25, 82); F. M. Frei (30/31, 32/33, 45); C. Freyer-Lindner (1 u.); Getty Images/Gorilla: L. Rotko (108/109); huber-images: Gräfenhain (6, 11, 84), Schmid (28 r.), R. Spila (Klappe r., 46); R. Irek (34); T. Kliem (88/89); Laif: Amme (112/113), T. Gerber (14, 52), M. Gonzalez (17, 29), Kirchner (42), Modrow (90, 116); Laif/hemis.fr: Berthier (86/87, 93); Look: C. Jorda (18 u.), H. Leue (49), T. Stankiewicz (1 o.), B. v. Dierendonck (80/81); Look/age fotostock (106); mauritius images: Bridge (9); mauritius images/age: K. O´Hara (116/117); mauritius images/Alamy (Klappe l., 18 o., 18 m., 54/55, 71, 115, 117), J. Eccles (5, 104), P. Forsberg (63), K. George (19 u., 31), E. Hiltula (78), P. Liukkonen (66), S. Reddy (26/27), J. Sandvik (59), J. Sparks (60), K. v. Lüders (41), T. E. White (74); mauritius images/imageBROKER: A. Pöschel (4 o., 36/37); mauritius images/imageBROKER: Zoller (20/21); mauritius images/MARKA/Alamy (7); mauritius images/Orédia: M.-L. Tombini (28 l.); mauritius images/parkerphotography/Alamy (50/51); mauritius images/Shopping/Alamy: P. Forsberg (10); mauritius images/United Archives (119); picture-alliance/dpa: M. Rautkari (101); S. Randebrock (8, 22, 30, 38, 118 o., 130/131); Schapowalow: M. Borchi (94/95); Schapowalow/SIME: R. Spila (4 u., 72); T. Stankiewicz (64/65, 77, 118 u.); vario images/allOver images (12/13); vario images/imageBROKER (2); vario images/Naturbild (111); vario images/RHPL (68/69)

12. Auflage 2017
Komplett überarbeitet und neu gestaltet
© MAIRDUMONT GmbH & Co. KG, Ostfildern
Chefredaktion: Marion Zorn
Autorin: Joseann Freyer-Lindner; Redaktion: Nadia Al Kureischi
Verlagsredaktion: Susanne Heimburger, Tamara Hub, Nikolai Michaelis, Kristin Schimpf, Martin Silbermann
Bildredaktion: Gabriele Forst, Veronika Plajer; Im Trend: wunder media, München
Kartografie Reiseatlas: © MAIRDUMONT, Ostfildern; Kartografie Faltkarte: © MAIRDUMONT, Ostfildern
Gestaltung Cover, S. 1, S. 2/3, Faltkartencover: Karl Anders – Büro für Visual Stories, Hamburg; Gestaltung innen: milchhof:atelier, Berlin; Gestaltung Erlebnistouren: Susan Chaaban Dipl.-Des. (FH); Sprachführer: in Zusammenarbeit mit Ernst Klett Sprachen GmbH, Stuttgart, Redaktion PONS Wörterbücher

Printed in China

BLOSS NICHT

Toleranz hat ihre Grenzen: Was die geduldigen Finnen nervt

Ebay 01|19

ÖFFENTLICH RAUCHEN

Das Rauchen in öffentlichen Gebäuden, Hotels, Restaurants und Kneipen ist verboten. Finnen rauchen zudem meist nicht in ihrer Wohnung, sondern auf dem Balkon oder im Hof. Auch dies ist jedoch zunehmend unerwünscht. Fragen Sie im Zweifel lieber nach.

END- UND PLANLOS REDEN

Finnen sind zurückhaltende Menschen. Schweigen in Unterhaltungen ist ganz normal. Es gilt als unhöflich, andere im Gespräch zu unterbrechen. Und Floskeln wie „Ihr müsst mal zum Kaffee kommen" werden ernst genommen und sollten ernst gemeint sein. Jedenfalls dann, wenn Sie Ihre neuen finnischen Freunde behalten wollen.

MÜLL ENTSORGEN

Auch wenn jüngere Finnen es mit dem Müll nicht immer so genau nehmen, sollten Sie keinen Müll in der Natur oder beim Picknick im Park zurücklassen. Sammelstellen für Wertstoffe gibt es in jeder Gemeinde. Batterien nehmen alle Elektronikläden zurück.

ALS GAST NERVEN

Es gibt ein paar Verhaltensregeln, die Sie kennen sollten, um bei Ihren neuen Bekannten in angenehmer Erinnerung zu bleiben. Trinken sie nicht mehr Alkohol, als Sie mitgebracht haben. Sollten Sie das *mökki* eines Bekannten nutzen, füllen Sie verbrauchtes Feuerholz wieder auf. Und wenn Sie Ihre Gastgeber

nicht sehr gut kennen, verzichten Sie auf intensive Umarmungen und Küsschen zur Begrüßung.

DIE SCHUHE ANBEHALTEN

Wer schon mal in einer Wohnung mit hellem Holzboden gelebt hat, weiß: Dreckige Schuhe sind die Hölle fürs Holz. Und weil viele finnische Wohnungen mit solchen Böden ausgestattet sind, ist es üblich, beim Betreten von Privatwohnungen die Schuhe auszuziehen. Denken Sie an Zusatzsocken, falls Sie schnell kalte Füße bekommen.

AUS DER REIHE TANZEN

Finnen warten geduldig, bis sie an der Reihe sind. Um Drängeleien und unangenehme Situationen zu vermeiden, können Kunden im Supermarkt oder in Ämtern meist eine Nummer ziehen und werden der Reihe nach aufgerufen.

GIER AM BÜFETT

Es wird absolut nicht gerne gesehen, wenn sich Gäste am Büfett mit Vorräten für den Tag eindecken. Sollten Sie etwas für eine Wanderung einpacken wollen, fragen Sie höflich und bezahlen Sie im Zweifelsfall das Lunchpaket.

RALLYE FAHREN

Das finnische Jungvolk übt gerne auf Schotterpisten und Landstraßen Rallye fahren. Als Besucher sollten Sie sich jedoch so wie die meisten Finnen an die Vorgaben halten, um saftige Geldstrafen oder einen Unfall zu vermeiden.